特别鸣谢基金项目支持

华南农业大学高水平大学学科团队建设项目"五大发展理念下新型城镇化暨三农法治系统研究"

广东省普通高校创新人才类项目"现代农业背景下农村土地承包经营权确权纠纷的多元化解决机制研究——以广东为例"（批准号：2014WQNCX016）

广州市哲学社会科学发展"十二五"规划项目"农村法治背景下农地纠纷的类型化与解决方式多元化的互动机制研究"（批准号：15G25）

作者简介

陈维君 广东湛江人，西南政法大学法学博士，美国叶史瓦大学法学院访问学者，现任教于华南农业大学人文与法学学院。先后主持、参与国家、省部级项目多项，发表学术论文二十余篇。主要社会兼职有：广东省法学会婚姻法学研究会常务理事，广东省法学会民商法学研究会理事，广东省法学会诉讼法学研究会理事，农村法治与社会发展研究中心研究专员，广东省法学会新型城镇化法治研究中心研究专员等。

契合与超越系列

总主编 ● 李祖军

农村土地纠纷多元化解决机制研究

陈维君 著

厦门大学出版社 国家一级出版社
XIAMEN UNIVERSITY PRESS 全国百佳图书出版单位

图书在版编目(CIP)数据

农村土地纠纷多元化解决机制研究/陈维君著.—厦门:厦门大学出版社,2019.8

(契合与超越系列)

ISBN 978-7-5615-7500-0

Ⅰ.①农… Ⅱ.①陈… Ⅲ.①农村-土地-民事纠纷-处理-研究-中国 Ⅳ.①D922.324

中国版本图书馆 CIP 数据核字(2019)第 141409 号

出 版 人	郑文礼
责任编辑	甘世恒

出版发行 厦门大学出版社

社　　址	厦门市软件园二期望海路 39 号
邮政编码	361008
总　　机	0592-2181111　0592-2181406(传真)
营销中心	0592-2184458　0592-2181365
网　　址	http://www.xmupress.com
邮　　箱	xmup@xmupress.com
印　　刷	虎彩印艺股份有限公司

开本	720 mm×1 000 mm　1/16
印张	12.25
插页	2
字数	210 千字
版次	2019 年 8 月第 1 版
印次	2019 年 8 月第 1 次印刷
定价	65.00 元

本书如有印装质量问题请直接寄承印厂调换

厦门大学出版社
微信二维码

厦门大学出版社
微博二维码

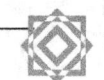

序一

陈维君博士在读博期间,对农村土地纠纷问题表现出浓厚兴趣,在其确定博士论文选题时,也曾经和我探讨本书的选题。我认为这是一个很有意义和研究价值的选题,也非常支持。后来据我所知,她在本书的整个写作过程中,遇到了比较多的困难。但经过她的不懈努力与坚持,本书经过修改后即将付梓出版,我表示由衷地祝贺!概括起来,本书有以下特点:

第一,观点推陈出新。比较法上,农村土地纠纷不是新问题,但涉及面很广、争议较大。本书作者在分析既有观点基础上,鲜明地提出了自己的观点,并加以论证,如作者提出的农村土地纠纷解决的特殊性理论、农村土地纠纷解决的多元化理论等。观点取舍既注意到了农村土地纠纷的特殊性,又注意到了纠纷解决方式的多元性,从农村土地纠纷解决的特殊性出发,以期通过各种农村土地纠纷解决方式之间的互动衔接,促使各种农村土地纠纷得到高效解决。

第二,分析论证深入。作者牢牢把握纠纷解决的核心问题——农村土地纠纷解决的特殊性,研究路线采用横向比较与纵向比较相结合方式,特别针对广东省农村土地纠纷解决情况展开实证调研。从理论的解读到实证的分析,从过去到现在以及未来的展望,充分运用比较法资料,对之展开论证,分析比较深入,具有较强说服力。

第三,研究角度新颖。国内目前对农村土地裁判机构的研究,主要从行政法的角度展开。本书针对农村土地纠纷兼具民事性与行政性的特殊性,从农村土地纠纷多元化纠纷解决的角度深入研究农村土地裁判机构在我国的可行性,提出建立适合我国本土发展的新路径——构建以农村土地裁判机构为中心的农村土地多元化解决机制。

第四,研究方法多样。作者的研究方法涉及了历史研究法、比较法、法经济学、规范分析、实证研究;既有立法论的研究,又有解释论的研究;既关注立法,又关注判例、学说;既有法律的国际化视野,又关注本土化。方法服务于内容,使得研究具有较多的创新点。

本书是陈维君的首部学术专著,作为她的老师,我非常欣慰。陈维君现在也在从事教学科研工作,我希望她能够坚持认真思考、勤于动手,在学术道路上能够走得更远,为我国法治建设作出更大贡献。

欣然为序。

西南政法大学教授、博士生导师

田平安

2019 年 7 月

序二

陈维君博士在攻读博士学位期间,对民事纠纷解决的基本理论,尤其是农村土地纠纷解决机制非常感兴趣。她以农村土地纠纷解决机制为题撰写自己的博士论文,本书正是在她的博士论文基础上修改而成。作为她的导师,我对于这部博士学位论文的出版表示由衷的祝贺!

农村土地纠纷事件作为一种特殊的社会纠纷,不同于一般的民事纠纷,具有自治性、社会性、行政性、公益性等特殊性。如果只依靠一般的多元化纠纷解决机制化解,成本高、效率低,难以得到积极有效的解决,需要进一步创新农村土地纠纷的化解机制。另外,从司法实践的现实情况来看,尽管农村土地纠纷的解决方式已经呈现出多元化发展趋势,遗憾的是这些纠纷解决方式的优势并没有得到充分发挥,应有功能也遭遇极大局限,究其原因,是这些纠纷解决方式没有形成相互协调、互动衔接的机制体系,需要全面系统调研,结合各种纠纷解决方式的独特功能和特性进行深度整合,实现各类纠纷制度之间的衔接和互动。

在此背景下,陈维君博士的这本著作,在深入细致的研究分析基础上,针对当前农村土地纠纷的日益增加且国家和政府高度关切而一般的纠纷解决方式又无法奏效的困境,提出一系列切实可行的解决方案,为我国各地区的农村土地纠纷解决机制提供可借鉴的模式。毋庸置疑,本书具有极为重要的实践价值。同时,需要注意的是,目前国内鲜有从民事纠纷解决角度论述有关农村土地裁判机构构建的研究成果,本书的研究在一定程度上可填补这个空白,在较大程度上弥补了我国农村土地纠纷解决机制理论研究的不足。尤为值得赞扬的是,陈维君博士立足于当前农村土地纠纷的类型化研究以及各种解决方式优化整合,克服"各自为政"的局面,实现纠纷类型化与解决方式之间的良性互动、协调互补,从而构建农村土地纠纷类型化与解决方式多元化的互动机制的创新研究。

本书提出对我国农村现有的土地纠纷多元化的解决方式进行重新配置,构建专门农村土地裁判机构解决机制与诉讼、调解、仲裁、和解等传统纠纷解决方式的衔接机制,以期构建一个以农村土地裁判机构为中心,协调统一、衔接互动的农村土地纠纷多元化解决机制,从而切实为农村土地纠纷提供高效便民的解决方式,并从协调性和合理性等角度进行了严谨而深入的论证。总体而言,本书研究视域广阔,内容丰富,参考文献及实践实证信息量大,梳理比对分析到位且比较透彻。研究视角和研究方法超越传统法学局限,发挥学科交叉优势,倡导纠纷解决理念的更新,不仅仅着眼于农村土地纠纷发生后的解决机制,还从综合治理的角度构建包含了预防、控制、事后处置等全方位的、多元化的纠纷解决机制体系。

本书的研究路线采用横向比较与纵向比较相结合的方式,特别针对广东省农村土地纠纷解决情况展开实证调研。纵观整个研究路线的思路,从理论的解读到实证的分析,从过去到现在以及未来的展望,本书呈现出了一个立体、全方位的论证效果。作者采用了历史研究、比较研究、实证研究的方法,深入研究了农村土地纠纷本身的特殊性和农村土地纠纷解决的特殊性,并由此提出了我国应针对农村土地纠纷构建专门的纠纷解决机制。本书对我国和域外国家、地区的农村土地纠纷多元化解决机制进行了系统的梳理和比较研究,特别以广东为例,围绕其农村土地纠纷的现状和农村土地纠纷多元化机制的运行现状展开实证调查研究。本书在调查中运用了问卷调查、访谈以及资料数据分析等方法,深入探究广东农村土地纠纷的现状和农村土地纠纷解决机制在组织建设、制度衔接、运行程序、实施效果等方面的运行状况,找出了目前农村土地纠纷解决机制存在组织构建薄弱、制度衔接有缺陷、机制运行程序不合理以及机制功能弱化等主要问题,为我国农村土地纠纷多元化解决机制的构建与进一步完善提供了客观现实的考量依据。

然而,农村土地纠纷的成因非常繁杂,所涉及的研究范畴的跨度很大,以致作者在研究时面临着较大的挑战。由于国家政治体制与经济制度的不同,不同国家的土地制度和农村土地制度各有不同,以致各国农村土地纠纷的表现也不一样。本书对域外农村土地纠纷解决机制的比较研究还不够全面深入,后续研究还需要考量更多本土化与差异性问题。必须肯定的是,作者对本书的写作无论在体例结构的安排还是材料内容上都下了很大功夫,本书对我国农村土地纠纷解决机制的研究已经较为深入,无论是对指导相应司法实践,还是对促进相关理论进一步提升都大有裨益。学术之路漫漫,道阻且长,行则将至,做则必成。希望陈维君博士再接再厉,在以后的学术道路上继续努力,取得更丰硕的学术成果!

是为序。

西南政法大学教授、博士生导师

李祖军

2019 年 7 月

目 录

绪论：问题与进路 …………………………………………………… 1

第一章 农村土地纠纷多元化解决机制的概述 ……………………… 13
第一节 农村土地纠纷的界定 …………………………………… 13
第二节 农村土地纠纷多元化解决机制的特殊性 ……………… 27
第三节 农村土地纠纷多元化解决机制的历史考察 …………… 33
第四节 农村土地纠纷多元化解决机制存在的理论根源 ……… 59

第二章 我国农村土地纠纷多元化解决机制的实证分析 …………… 71
第一节 调查的基本情况 ………………………………………… 71
第二节 农村土地纠纷多元化解决机制的典型样本剖析 ……… 75
第三节 我国农村土地纠纷多元化解决机制的存在问题 ……… 90

第三章 域外农村土地纠纷多元化解决机制的阐释 ………………… 97
第一节 域外农村土地纠纷多元化解决机制的组织构建 ……… 97
第二节 域外农村土地纠纷多元化解决机制的运行程序 ……… 111
第三节 域外农村土地纠纷多元化解决机制对我国的启示 …… 118

第四章 构建我国农村土地纠纷多元化解决机制的模式选择 ……… 122
第一节 构建以农村土地裁判机构为中心的模式 ……………… 122

第二节 构建以农村土地裁判机构为中心多元化纠纷解决模式的
正当性分析……………………………………………… 133
第三节 构建以农村土地裁判机构为中心多元化纠纷解决模式的
基本原则………………………………………………… 139

**第五章 我国以农村土地裁判机构为中心的多元化纠纷
解决机制的具体构建**………………………………… 143
第一节 我国农村土地裁判机构的机构建设……………………… 143
第二节 农村土地裁判机构运行与其他纠纷解决机制
之间的衔接……………………………………………… 156
第三节 农村土地裁判机构良性运行的配套机制………………… 164

结　语……………………………………………………………… 169
参考文献…………………………………………………………… 172
后　记……………………………………………………………… 185

绪论：问题与进路

一、问题的缘起

近年来，在我国改革开放和经济迅速发展的大背景下，由于利益关系不断发生新的变化，社会矛盾与冲突不断增加，因农村土地利益引发的农村社会矛盾比以往任何一个时期都更加突出。随着工业化城镇化的不断推进和扩张，农村土地收益迅速增值，大量农村土地被征收、承包、流转、置换等变化，由人多地少、权属不明、不法侵权、分配不均等问题引发的农村土地纠纷迅猛增长，由农村土地纠纷引发的上访、群体性事件发生频率极高，日益成为影响当前中国农村社会稳定和发展的首要问题。然而，当前我国的农村土地纠纷解决机制运行并不理想，无论是通过司法救济还是民间救济，农村土地纠纷解决的效果都不太乐观。尤其在我国的司法实践中，农村土地纠纷案件表现为积案与日俱增，审理后续案件层出不穷，更表现为审理成本与取证成本居高不下，诉讼效率低下，以致大量的农村土地纠纷得不到及时而有效的化解。概言之，农村土地纠纷已成了社会当下众多矛盾的热点与焦点，其解决得如何，成为当前影响中国社会稳定和发展的重要因子。聚焦农村土地纠纷，积极寻求农村土地纠纷的化解对策，成了本书研究与写作的初衷。

本书研究农村土地纠纷多元化解决机制的根本目的是更好地解决农村土地纠纷，而农村土地纠纷虽然具有一般社会纠纷的共性，但又不同于一般的社会纠纷，主要表现为纠纷主体的广泛性、多样性以及成因上的复杂性等。多年农村土地纠纷解决不足的司法实践，可以充分印证这样的结论：一般的民事纠纷解决机制是无法合理解决农村土地纠纷的。农村土地纠纷解决的特殊性决定了我们必须构建一套专门的、有针对性的农村土地纠纷解决机制。概而言之,本书主要是以我国农村土地纠纷解决的特殊性为出发点和落脚点,这同样也是构建我国农村土地纠纷多元化解决机制的重要基础。

从我国的现实情况来看,尽管农村土地纠纷的解决方式也已经呈现出了多元化解决的趋势,但是各种纠纷解决方式在实践中却并未充分发挥其应有优势与功能,各种纠纷解决方式更没有形成相互协调、互动衔接的机制体系,以致农村土地纠纷不能得到及时合理的解决,不能不使我们对现有的纠纷解决方式进行反思。对各种纠纷解决方式的特点与运用进行深入细致的研究分析,构建制度之间的衔接和互动进而促使机制的功能得以全面发挥也是本书研究的重要任务。

总而言之,本书所探讨的农村土地纠纷多元化解决机制,要研究农村土地纠纷解决与一般社会纠纷解决的共性,更要研究其特殊性;要研究农村土地纠纷解决的现状,更要追溯农村土地纠纷解决的历史过去;要研究农村土地纠纷解决的本土资源,更要研究域外司法实践中的宝贵精华;要研究农村纠纷解决方式各自的独特功能,更要研究各种纠纷解决方式之间的衔接互动。一个机制的设计是点与面的结合,同时更是一个互补互动的完整体系。

二、研究的目的和意义

(一)研究目的

对司法实践中出现的各类农村土地纠纷进行深入的探索和研究,寻求多元化解决对策以切实解决农村土地纠纷,进而为完善农村土地纠纷解决机制体系提供理论上的依据和政策建议,促进农村土地纠纷得到高效公正的圆满解决,这是本书的研究目的。本书将对现有的纠纷解决方式重新整合和优化,促其互相补充、协调统一,在对各纠纷解决机制进行比较法研究的基础上,充分考虑相互之间的联系,以期在现有基础上,形成一个彼此支持、良性互动、程序衔接的农村土地纠纷多元化解决机制。

(二)研究意义

本研究在对国内外已有研究成果进行分析和借鉴的前提下,以农村土地纠纷的特殊性作为出发点,结合我国农村土地纠纷产生和发展的时代背景以及现有纠纷解决方式机制运行的状况,综合了法学、法经济学和社会学相关理论对农村土地纠纷解决机制问题进行研究。在研究过程中,主要采用理论与实证研究相结合的方法,在深入实践,对农村土地纠纷的成因及影响因素进行实地调研的基础上为农村土地纠纷寻找有效的解决途径,进而在宏观层面为立法提供参考,切实指导农村土地纠纷的有效解决。本研究具有重要的理论意义和实践意义。

1.理论意义

(1)国家进行现代化治理的过程,也是纠纷解决机制不断完备的过程。在纠纷解决机制中,农村土地纠纷解决机制作为其中的重要组成部分,在多元化纠纷解决机制程度和水平不断提高的现代社会,对土地问题采取多元化解决方式能够保障国家的和谐稳定,促进现代化的建设。

(2)近年来,学界一直比较致力于对ADR非诉纠纷解决机制以及一般社会纠纷解决方式的研究,针对农村土地纠纷解决而开展的研究寥寥无几。本书从理论上梳理农村土地纠纷及其多元化解决机制的内涵、特点及运行原理,深入研究分析农村土地纠纷解决的特殊性理论,为农村土地纠纷多元化解决机制的构建探索更多的理论支撑。

(3)纠纷解决机制具有多元化的特点,诉讼解决机制同非诉解决机制优势互补,互相补充,彼此提高了纠纷解决机制的系统化程度,作为纠纷多元化解决机制的重要组成部分,农村土地纠纷多元化解决机制对于纠纷多元化解决机制完整性的研究具有深远的意义。

2.实践意义

解决农村土地纠纷是有效达到社会稳定的重要途径之一,也是新时期下建设社会主义新农村亟待思考和深入解决的问题。正如苏力所言"在中国讲法制问题,就要将中国本土资源放在重要位置,加大对中国法律文化传统的重视"①。在解决农村土地纠纷的过程中,应当充分利用本土资源。基于中国实际情况的考虑,当代社会的特质渗透到本书的文字当中,在认识和把握新形势下农村土地纠纷特点的前提下,本书使用跨学科的研究和分析方法,反思中国

---

① 苏力:《法治及其本土资源》,中国政法大学出版社1996年版,第6页。

农村土地纠纷的相关问题及其解决机制,调动并整合社会的各种资源,整合并优化各种纠纷解决方式,尽可能探索带有中国特色,符合中国实际的农村土地纠纷解决机制体系,在其发挥科学性和有效性作用的过程中,有效解决纠纷,为社会和谐提供支撑。

三、文献综述

(一)国内研究综述

1.农村土地纠纷的基本理论

关于农村土地纠纷基本问题,我国理论界已有不少学者进行了探讨,学者对该问题的研究主要集中在该问题的概念、类型、特点、原因等方面。关于土地纠纷的概念不同学者有不同的理解,究其原因是因为对农村土地的理解有所不同。肖琼认为,所谓的流转,即不同主体之间土地所有权或使用权的转移,因此农村土地流转指的是因农村土地归属关系以及土地使用关系变动而产生的流转,在此过程中产生的纠纷称为是农村土地纠纷。所以,其内容应当包括农村土地的征收、承包、归属关系流转引发的纠纷①。有学者认为农村土地纠纷研究的范畴应当将损害赔偿和土地流转收益分配包含在内②。基于农村土地在国民经济中所占据的重要地位,是农民生活的生存之本与主要生存资料,故孟勤国将农用地比喻为农民的命根子,认为农村土地纠纷应当是在土地承包经营权进行了转包、出租、互换等活动过程中发生的纠纷③。土地纠纷的特点在不同学者看来,也包含不同的内容,有学者认为,农村土地纠纷的特点主要表现在法律关系复杂化、案件牵涉面广、案件调解难度大等④。也有学者认为,除了具有一般社会纠纷的共性之外,农村土地纠纷还具有范围的广泛

---

① 肖琼、曹建华:《我国农村土地流转纠纷的成因及对策研究》,《安徽农业科学》2007年第13辑。

② 王国新:《农村土地流转问题研究》,华东政法学院2002年硕士论文,第10~11页。

③ 孟勤国等著:《中国农村土地流转问题研究》,法律出版社2009年版,第34页。

④ 张俊文等:《中国不动产法研究》(第4卷),法律出版社2004年版,第135页。

性、纠纷主体多样性、致因的负责性等特点①。国内学者对土地纠纷的类型有不同看法,通常是以纠纷发生原因的不同作为分类的标准。蔡虹从农村土地纠纷发生的数量和频率上进行总结,将纠纷分为因土地承包发生的纠纷、因法律和政策变化发生的纠纷、因土地所有权界限不明发生的纠纷以及因征收补偿发生的纠纷四种②。根据农村土地纠纷争议的不同内容,有不同的分类方法③。陈丹认为可以分为承包经营权权属纠纷、所有权权属纠纷、土地征收补偿纠纷和土地流转纠纷④。董立山认为应当分为三种,即行政救济前置型农村土地纠纷、"或裁或审"型农村土地纠纷与不得起诉型农村土地纠纷⑤。整体上对于农村土地纠纷类型化研究取得了一定的成果,但是有关农村土地纠纷的分类与多元化纠纷解决机制的结合研究在我国还比较薄弱,需要进一步突破。

2.农村纠纷解决及解决方式的基本理论

汤唯认为,深入探究农村纠纷解决及纠纷解决方式的基本理论是研究与此相关问题的前提⑥。李长健认为,有关成本与收益的法经济学理论主要通过诉讼与非诉的结合来体现⑦。由于农村土地流转在我国呈现出多样性、复杂性与类型性特点,研究农村土地纠纷解决机制能够为农村土地流转规则创造和谐稳定的农村环境提供帮助。在研究农村土地纠纷解决这一问题上,分类研究是除了已经广泛适用的社会学方法以外的另一种重要的研究方法。我

---

① 蔡虹:《农村土地纠纷及其解决机制研究》,《法学评论》2008年第2辑。
② 蔡虹:《农村土地纠纷及其解决机制研究》,《法学评论》2008年第2辑。
③ 史卫民:《农村土地纠纷的主要类型与发展趋势》,《现代经济探讨》2010年第1辑。
④ 陈丹、陈柳钦:《新时期农村土地纠纷的类型、根源及其治理》,《河北经贸大学学报》2011年第6辑。
⑤ 董立山:《农村土地纠纷的类型化梳理与解决机制研究——基于惠州市农村土地纠纷的调查》,《湖南科技大学学报(社会科学版)》2013年第1辑。
⑥ 汤唯:《农村多元纠纷解决机制的法理模型》,《淮阴师范学院学报(哲学社会科学版)》2008年第4辑。
⑦ 李长健:《论农民权益的经济法保护——以利益与利益机制为视角》,《中国法学》2005年第3辑。

国诉讼法学者江伟、杨荣新、徐昕分别对民事纠纷解决机制进行分类研究①②③。他们的分类研究主要集中在纠纷解决方式类别的划分,但是对于纠纷解决类别划分与农村土地纠纷的关系,以及农村土地纠纷分类解决却没有深入的研究探讨。

3.关于农村土地纠纷多元化解决机制的研究

近些年来,由于非诉解决机制受到我国学界与司法界的广泛关注与重视,产生了丰硕的研究成果。学者普遍认为,仅仅依靠单一的解决方式已经无法应对社会中数量巨大、错综复杂的矛盾纠纷。社会多元化发展带来的是更加多元化的社会矛盾纠纷,纠纷多元化解决机制也应运而生。黄文艺认为,改革开放以来社会纠纷数量的急剧增长也同时发展了中国的多元化纠纷解决机制。改革开放三十多年来,中国的多元化纠纷解决机制取得了瞩目的成果,在此过程中诉讼机制快速发展、综合性行政处置机制形成、大调解机制初步建构、信访制度得到完善等④。与多元化纠纷解决机制研究的热火朝天形成鲜明对比的是,农村土地纠纷的多元化纠纷解决还比较薄弱。近十年来,社会学、经济学学者从各种研究方向来关注广大农村土地纠纷产生的原因、解决的方式、更加富有效率的纠纷解决方式的选择等问题,也涌现出一批优秀的学者。在法学领域以陈小君为代表,其代表作之一:《农村土地法律制度研究——田野调查解读》,是国内对农村土地法律制度研究的拓新之作,由此也

---

① 民事纠纷处理机制分为自力救济、社会救济和公力救济;自力救济是指纠纷主体依靠自身力量解决纠纷,以达到维护自己权益的目的,包括自卫与和解;社会救济,包括调解(诉讼外调解)和仲裁,它是依靠社会力量处理民事纠纷的一种机制;公力救济是指诉讼。参见江伟:《民事诉讼法》,中国人民大学出版社2011年版,第8~9页。

② 和解、调解、仲裁这些群众性解决办法基本属于私力救济的范畴,不具有法律强制性;而民事诉讼属于公力救济的范畴。参见杨荣新:《民事诉讼法学》,中国政法大学出版社1997年版,第4页。

③ 纠纷解决机制分为公力救济、社会型救济和私力救济三类,其中公力救济包括司法救济和行政救济,社会型救济包括调解、仲裁和部分ADR,私力救济包括强制和交涉。参见徐昕:《迈向社会和谐的纠纷解决》,中国检察出版社2008年版,第26页。

④ 黄文艺:《中国的多元化纠纷解决机制:成就与不足》,《学习与探索》2012年第11辑。

开创了用社会学当中的田野调查方法论来发现问题与解决问题的新方法①。此外,陈小君老师所撰《农村土地法律制度运行的现实考察——对我国10个省调查的总报告》、《我国农村土地法律制度变革的思路与框架——十八届三中全会〈决定〉相关内容解读》是近期优秀的代表作,继续延续并深化了社会学调研考察的方法②。

最后,在对我国目前农村土地纠纷解决机制的完善过程中,应当着重考虑对各种纠纷机制功能与作用的优化和整合,避免出现各自分散的局面,应当着力于对良性互动、协调互补的纠纷机制的建立与完善。在2010年《农村土地承包经营纠纷调解仲裁法》正式实施之前,白呈明分析后认为,除上述已经提到的方式外,从纠纷解决方式来看,对建立土地纠纷的仲裁机制应当进行进一步的探索和研究,而且建立后必将发挥重要的作用③。但其实就调研情况来看,调解仲裁案件少之又少,调解仲裁制度被束之高阁。此外,从司法程序的角度,农村土地纠纷在诉讼方面也有不足。一般来说解决土地纠纷最正式、最权威、最规范的方式是民事诉讼或行政诉讼,然而现实情况是协商或采取人民调解方式的利用率要高于诉讼利用率。起诉难、举证难、执行难在农村土地纠纷导致的诉讼中表现得非常突出。由此可见,农村土地纠纷解决机制的研究是当前学界与司法界所共同面对的一个重要课题。

(二)国外研究综述

近几十年以来,建立各种有关纠纷解决的模型和理论是西方学者研究的重点,他们的研究以法律为核心从多角度全方位展开,如从社会交往、社会控制、社会心理等角度。多元化纠纷解决机制应当成为研究的重点,其主要研究内容包括纠纷的特点、解决方式、成本以及解决的条件与过程等。关于纠纷内涵的研究,国外学者有着不同的见解。有的学者指出,有冲突才会有发展的动

---

① 陈小君:《农村土地法律制度研究——田野调查解读》,中国政法大学出版社2004年版,第28~34页。
② 陈小君:《我国农村土地法律制度变革的思路与框架——十八届三中全会〈决定〉相关内容解读》,《法学研究》2014年第4辑。
③ 白呈明:《农村土地纠纷及其解决机制的多维观察——以陕西省为例》,《调研世界》2009年第8辑。

力。也有的学者主张纠纷是一种对抗行为,而这种对抗行为是针对对方当事人所做出的对自己不利的行为①。对纠纷解决的成本进行不同框架的构建是国外学者一直致力研究的重点,经济学家们认为合理有效的纠纷解决程序的构建能实现到纠纷解决的成本最小化;而纠纷解决的诉讼成本在学者理查德·波斯纳的研究里被划分为三种诉讼的法律成本②。关于纠纷解决方式方面的研究,国外的社会学家学者认为当事人选择纠纷解决方式与其社会地位、当时的社会条件以及参与解决纠纷的社会主体息息相关。这些因素甚至会影响纠纷解决的效果③。美国学者罗杰科特威尔从研究当事人的纠纷解决方式选择权出发,他认为以民事调解的方式解决纠纷更灵活自由。日本学者棚濑孝雄将纠纷解决方式划分为依合意和依决定两种。他认为纠纷的解决始终是一个动态变化的过程④。理论社会学家唐·布莱克在对纠纷类型进行分析的前提下将纠纷方式分为法律纠纷方式和非法律纠纷方式两大类⑤。近年来,国外的学者对纠纷解决的研究更专注于纠纷解决以及与其相适应的专有程序方面,把程序正义与非诉程序关系纳入到研究重点⑥。受法律传统文化与习惯的影响,在不同的英美法系国家,对纠纷解决研究的侧重点也各有不同。美国一直青睐的纠纷解决手段还是 ADR 程序,也就是运用替代性纠纷解决方式,充分利用非政府组织的资源为纠纷解决服务⑦。而日本一直比较注重司法诉讼的手段解决纠纷,针对不同类型的纠纷,成立相应的专门纠纷解决机构,如在土地纠纷解决方面,最有代表性的就是日本土地裁判所的构建,对纠

---

① [美]科塞:《社会冲突的功能》,孙立平等译,华夏出版社 1987 年版,第 35 页。
② [美]理查德·波斯纳:《法律的经济分析》,蒋兆康译,中国大百科全书出版社 1997 年版,第 86 页。
③ [美]唐纳德·布莱克:《法律的运作行为》,唐越、苏力译,中国政法大学出版社 2004 年版,第 5~6 页。
④ [日]棚濑孝雄:《纠纷的解决与审判制度》,王亚新译,中国政法大学出版社 1994 年版,第 98 页。
⑤ 吕世伦、邹列强:《唐·布莱克纯粹法社会学》,《法律科学:西北政法学院学报》1992 年第 4 辑。
⑥ [美]埃尔曼:《比较法律文化》,高鸿钧等译,三联书店 1990 年版,第 34~56 页。
⑦ [美]斯蒂芬戈尔德堡:《纠纷解决——谈判、调解和其他机制》,蔡彦敏等译,人民出版社 2008 年版,第 96~120 页。

纷的有效解决发挥了重要作用①。

无论是在国内还是国外,"多元主义"以及多元化的纠纷解决机制都是现代社会飞速发展的产物。正如范愉老师所言:"纠纷解决的理论与实践法律多元是社会多元化的一个缩影。同样,社会的多元化同样决定了纠纷解决机制的多样化。"②

(三)现有研究的成果与不足

就我国目前农村土地纠纷的问题,国内在近几年针对农村土地纠纷的形成原因、基本理论、纠纷解决机制的不足、障碍与完善等问题开展了一定的研究,探索的成果指导实践并产生深远影响。相对国内,国外对纠纷解决机制的研究已趋向成熟,可以为我们所吸收和借鉴。我国目前的研究从总体上看,尚存在许多不足,有待发现和完善,亟待在今后的深入调查和研究中做出进一步的思考与探索。其不足具体而言包括以下几点:

1.在研究成果方面,已有的农村土地纠纷解决方式以及针对农村土地纠纷案件审理、适用的流程及步骤较为分散,所使用的法律规则和条文并不集中,缺乏对农村土地纠纷解决机制较为完整、协调、系统的研究成果。

2.在研究内容方面,在农村土地纠纷专业性、特殊性纠纷解决机构制度层面并未进行深入的理论研究;对于纠纷解决运行机制的探讨过于简略和泛化,并未进行细致化分析;在形成多元化纠纷解决方式的合理配置与农村土地纠纷解决机制方面的研究尚且停留在表面,并未进行深入探讨。

3.在研究方法方面,目前多采用简单的应用研究方式,多建立在对国内进行实证调查的基础上。并未对国内外的农村土地纠纷解决机制进行比较分析,故本书会在比较分析的基础上运用法学与社会学的学科交叉方法进行深入研究。

---

① 章武生:《司法ADR之研究》,《法学评论》2003年第2辑。
② 范愉:《纠纷解决的理论与实践》,清华大学出版社2007年版,第120~158页。

四、研究进路与方法

(一)研究进路

本书以农村土地纠纷的特质——多元化解决机制的特性——构建以农村土地裁判机构为中心的纠纷解决机制为逻辑主线,坚持从原理的释明出发,通过对农村土地多元化纠纷解决机制的历史问题的考察,结合大量实证研究结果以及域外的经验与成果,在综合以上资料的基础上进行理论分析进而构建纠纷解决机制的研究思路,通过对以上内容的整合,对文献的回顾以及对相关基础理论的整理,构建起农村土地纠纷解决机制的理论框架。结合我国对农村土地纠纷解决机制的实践考察(主要以广东省为例)深入探索并研究农村土地纠纷解决机制,针对当前中国农村土地纠纷解决所面临的难题,主要切入点为农村土地纠纷、纠纷解决机制的实证分析与纠纷解决方式。在进行比较研究的思路上,主要通过纵向的时间比较与横向的空间比较方式。纵向上看,总结历代以来农村土地纠纷解决机制的状况,对中国古代主要朝代、近代、现代的农村土地纠纷解决机制进行纵向分析与归纳;横向比较方面:对域外典型国家和地区的纠纷解决机制进行比较分析与借鉴;通过纵向与横向的比较,形成具有中国特色、符合我国国情的农村土地纠纷多元化纠纷解决机制理论,并提出具体机制构建的操作设想与建议。

本书研究框架如下:

第一部分,对农村土地纠纷多元化解决机制的特殊性、历史沿革以及理论根源问题进行深入的剖析,明确研究内容与范围,形成完整的理论体系,弥补现有研究在理论上的不足。

第二部分,在实证调研的基础上,对广东省农村土地纠纷已有的研究数据和研究成果进行分析,总结农村土地纠纷解决机制的实施状况与基本情况,找出目前农村土地纠纷解决机制出现问题的症结所在,为农村土地纠纷多元化解决机制的构建提供客观现实和考量依据。

第三部分,横向比较域外典型国家和地区的农村土地纠纷解决机制,通过深入探究概括国外和地区相关立法和实践,凝练出成功的经验并以供借鉴。

第四部分,对我国土地纠纷多元化解决机制的迫切需要和基本方向进行重新梳理,探索构建农村土地纠纷多元化解决机制的新路径。

第五部分,他山之石可以攻玉,域外典型国家和地区已经在发展过程中形成了完善的农村土地纠纷解决机构和专门的解决程序,通过对相关经验的分析与总结,与我国的农村土地纠纷多元化解决机制的实践相结合,提出构建以农村土地裁判机构为中心的农村土地纠纷多元化纠纷解决机制。(见图1)

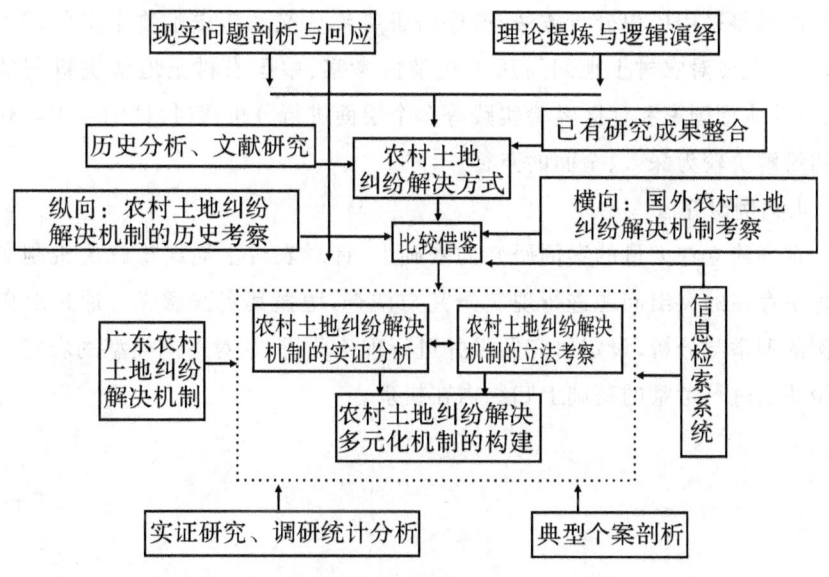

图1　研究路线图

(二)研究方法

本研究针对的是农村土地纠纷的实质与根源问题、解决过程、纠纷解决方式的选择、重新配置互动以及多元化解决构建等问题,理论分析与实证研究相结合为本书的特色。

1.实证分析的方法

根据实证研究方法的基本要求,通过问卷调查、走访座谈、数据统计等方法进行调研,获取关于各地区农村土地纠纷的成因、发展及其特征类型的第一手数据。

2.比较研究的方法

通过系统搜集、整理相关文献,参酌美国、英国、日本、法国和德国的相关立法经验及其运作实践,对相关国家和地区的农村土地纠纷解决机制进行比较,回顾我国唐、宋、元、明、清及中华人民共和国成立初期的农村土地纠纷解决历程,分析其发展起因与趋势,总结其模式特色。

3.历史分析的方法

本书将采用历史分析方法,遵循辩证唯物主义和历史唯物主义的基本原理,本书主要对农村土地纠纷历史化解的考察、中国农村土地解决机制的历史、域外典型国家和地区经验实践等多个层面进行分析探讨,试图寻求农村土地纠纷解决较为深入、全面的路径。

4.案例研究法

本书建立在大量的案例研究的基础上,针对农村土地纠纷解决机制实施过程中存在的突出问题进行现实研究与调查,增强其实践意义。通过对典型案例的列举与分析,设定研究假设并进行理论分析,在对不同类型的农村土地纠纷特点进行考察的基础上归纳内在机理。

第一章

农村土地纠纷多元化解决机制的概述

农村土地纠纷及其解决机制的理论是本书研究的首要问题,也是本书展开细致研究的根本基础。本部分先对农村土地纠纷的含义和社会基础进行深入剖析,并进一步探究农村土地纠纷解决机制的构建基础。法学理论是机制构建的首要基础,法学理论形式上的形成诉讼理论、边界确定之诉理论与共有物分割之诉理论对农村土地的权属纠纷以及土地边界划分纠纷有着重要的理论意义。ADR 机制理论是多元化纠纷解决机制的理论源泉,为本书实证调研的问卷设计提供重要的理论指导和方向。社会平衡理论、社会控制论和利益与利益机制理论等社会学相关理论也为农村纠纷主体研究以及整个纠纷解决机制体系的多层机构互动提供理论依据。法律经济学的核心理论,在解决农村土地纠纷的过程中,当各种纠纷解决方式都能解决纠纷的时候,成本最低的解决方式或程序将成为最优的选择。从法学理论到社会学理论再到法律经济学理论的深入透析都是本书的理论根基,为深入研究提供足够的理论支撑。

第一节 农村土地纠纷的界定

在我国的城镇化和工业化进程中,农村经济的迅速发展,农村土地纠纷关乎社会的各个方面,因此农村土地纠纷多样化已是常态,其已经由以往单一的形式演变为诸多形式共同存在的状态,纠纷的类型涉及民事行政纠纷交错,社会问题和法律问题糅合在一起,同时还隐含着历史遗留问题与新政策的执行等问题。

一、农村土地纠纷的概念

只有明确农村土地纠纷的性质,才能正确理解其概念。农村土地纠纷并不简单,可以用纷繁复杂来形容,这些纠纷可以分为三个大的部分,即民事、刑事和行政纠纷。涉及民事纠纷的部分主要是指因土地而产生的争议,如合同、侵权纠纷等,这也就涉及民事法律关系。涉及刑事纠纷的是由于土地而产生的群体性冲突、暴力性事件进而侵犯了社会公共秩序,其会涉及刑事法律关系。涉及行政纠纷的是因土地的征收、侵占等而引发的政府和村民之间的争议,其涉及的法律关系也就是行政法律关系。其实,农村的很多问题都和土地有关系,土地是农村生活中非常重要的一部分。

从法律关系的角度来看,新时期的农村土地纠纷可能存在三种情形,一是纯粹的民事纠纷,也即平等主体之间由于农村土地的权属问题而引起的民事纠纷。例如农村土地承包经营合同纠纷,实质上就是一种发生在平等民事主体之间的合同纠纷,也就是纯粹的民事纠纷。二是纯粹的行政纠纷,例如农村土地的确权行为,实质上就是一种行政行为,即当事人对行政主管部门的确权行为有争议而引起的纠纷,也即一种行政纠纷。三是兼具民事纠纷与行政纠纷双重性质。比较常见的纠纷表现为因征地引起的农村土地纠纷。政府机关的征地行为会致使农村土地的权属发生变化,如果当事人对征地行为所涉及的权属变更问题不服,应向行政主管机构提出行政确认,这是一种行政纠纷;而征地纠纷又往往会涉及征地补偿问题,也即一种民事纠纷。因而这种情形下的农村土地纠纷在性质上同时兼具了民事纠纷与行政纠纷的特点。

有的学者以土地资源为视角对农村土地纠纷进行研究并认为,农村土地纠纷实质上是涉及土地利益的主体在争取利益的过程中形成的纠纷,这种纠纷是一个对抗性的过程,因为纠纷主体对于土地资源的占有或者使用等行为产生了冲突,而且各自都有自己的利益目标,各自都有自己的权利主张,他们在关乎自身利益时绝不会轻易让步,因此也就会形成一种对立的状态,这样也会让土地资源的使用秩序遭到破坏①。

从理论上来说,农村土地纠纷中最常见的类型就是关于土地权属的纠纷。毫无疑问,确定农村土地的概念和范围是研究农村土地纠纷的前提条件。有学者认为,法律意义的农村土地必须要满足两个要素:第一个要素是它能够被人们所利用和控制,如果都不能被利用,那么就没有研究的必要;第二个要素就是它必须具备相应的经济价值,若不具备经济价值,人们就不会因此而产生纠纷了。简而言之,农村土地要具有可支配性和可利用性,而且能够满足人们对其生活的需要。按照不同的分类方法可以对农村土地进行不同的分类。以所有权权属为划分标准,农村土地可以分为集体所有的农村土地和国家所有的农村土地。我国土地的所有权主体只有这两类。其中农民集体所有的农业用地是农村土地的主体,也是农村土地征收的主要客体②。以用途为划分标准,农村土地可以分为农用地和非农用地,一般来说,农用地一般就是指的耕地,即能生产农作物;非农用地都是指建设用地、公益事业用地和宅基地等。无论如何对农村土地进行分类,都不可否认的是,关于农村土地的纠纷主要集中在土地的权属层面,也就是说纠纷主要集中于土地的使用权或者所有权层面。依据争议的内容的不同,可以将这些纠纷细分为四类。

第一类是指农村土地确权纠纷,这类纠纷是指纠纷主体就特定的农村土地的使用权或者所有权的归属等相关问题存有一定的分歧并由此引发的争议。第二类是指农村土地侵权纠纷,这类纠纷是指侵权人对所有权明晰的特定土地进行侵权,该土地的所有权人对此不满并要求赔偿的相关争议。第三类是指农村土地承包经营权纠纷,这类纠纷是由于土地的承包而产生的一系列纠纷,其牵涉的主体可能比较多,如发包人、承包人、集体经济组织的成员等,这类纠纷往往也比较复杂。第四类是指农村土地行政争议,这类纠纷是指行政相对人对于相关土地主管部门或者人民政府做出的某些决定等具体行政行为不服而引发的争议。

关于农村土地纠纷,有学者认为,无论是权属争议还是侵权行为(包括非

---

① 胡勇:《古村土地资源纠纷的法社会学研究》,贵州大学2006年硕士学位论文,第18页。
② 陈健:《土地用益物权制度研究》,中国政法大学1999年博士学位论文,第1~3页。

法侵占),都是关乎土地所有权和使用权的争议,它涉及的土地包括农地、草原、山地、水域等①。概言之,本书将农村土地纠纷定义为:当事人之间因农村土地所有权和使用权以及其他有关农村土地的权利归属问题发生的争议。

二、农村土地纠纷的表现形式

在我国,农村土地纠纷的种类繁多,其在不同时期和区域会有不同的表现形式;但是常见的农村土地纠纷的主要表现为以下几种形式。

(一)农村土地权属纠纷

农村土地权属纠纷是指因当事人对关于土地所有权或使用权的归属确认不服而引发的纠纷。由于荒地和坡地相较于田地的种植成本较高,所以农民都愿意承包田地,而不愿意承包荒地或者坡地,荒地或者坡地的承包权没有那么明确,因此也就会产生很多争议。农村还一直盛行占祖宗地和祖宗田的做法,由于各自都有自己的主张,因此会产生很多争议。不管是农民之间,还是村社之间,都可能会因为相邻地段的界限和归属问题而产生争议。近年来的农村土地承包经营确权、宅基地、农村集体建设用地等方面都引发了各种土地权属纠纷。土地权属纠纷包括民事权益之争与行政争议,既表现为行政争议(由于政府主管部门行政确权或者调处引致),其实质也还是一种民事权益之争。在实践中,很多村委会的干部为了自己的利益会在未经土地承包经营权人的同意之下将土地发包给他人,这便是产生农村土地纠纷的一个源头。

实践中还有很多这样的案例,也就是在免征农业税之前,由于种植技术的不发达和交通的不发达,农民种地的收入其实很少,很多农民种地的收入都不够交农业税,在面对这样的窘境时,很多农民就会在未和村集体经济组织商量的情形下去外地务工,以期提高经济收入。村集体经济组织看到农民外出务工,根本没有时间打理田地,而且还要交农业税,于是就会把这些荒芜的土地私自承包给其他人,由他们耕种相应的土地并上交农业税。当国家出台免征农业税政策的时候,很多外出务工的农民就会回到农村,想要开始种地,但此时他们会发现自己承包的土地已经被其他人耕种了,这时纠纷就产生了,耕种

---

① 林增杰、沈守愚:《土地法学》,中国人民大学出版社1989年版,第138~140页。

土地的人不愿意把土地还给原先的土地承包人,因为他已经对这块土地付出了很多成本,怎么可能会拱手相让;而原先承包土地的人主张村集体未经其同意就把土地转给其他人承包并不合法,其属于单方面解除合同,属于违约行为。原承包人遂以村社侵权为由向法院起诉,请求返还承包地。

(二)农村土地权益分配纠纷

随着经济的发展,人们对土地的需求迅速增大,以致农村土地产权的收益突然增加。这种土地收益突然增加的情况在城乡接合部和经济开发区表现得最为明显。土地产权收益数额巨大对于农民来说本是一件好事,但是他们也会面临新的问题,那就是如何分配这些收益最为公平,这在村民之中便产生了激烈的矛盾,其争论的焦点之一就是新老成员是否应该平等地参与收益分配。农村收益分配存有争议的人员包括:"嫁城女"及其子女、入赘到农村的女婿、在校大学生或者研究生、刚毕业的大学生或者研究生、退休人员、新生儿、超生子女、被收养的人员等。由于每个村民都可能代表着不同的利益,所以关于是否应赋予上述存有争议的人员分配权并无定论,由此引发的纠纷并不罕见。随着城乡建设的迅速发展,许多投资项目需要占地,因此集体经济组织的许多耕地都被国家依法征用,涉及土地承包权的调整,在调整过程中自然会有村民与村、社集体组织之间的冲突。少数集体经济组织负责人为图私利或为小集体利益损害部分村民利益引起冲突。

此外,这种土地权益分配争议也体现在一些特殊的情形,如外出务工农民返乡讨地引发的纠纷。农民进城务工者众多,有的多年在外,甚至已在城市买房居住。在二轮土地承包时,一些村干部未能尽告知义务,致使一些长期或举家外出打工者未能及时申报人口或参与二轮土地承包,村干部就会让村里其他成员耕种务工人员的土地。当原承包人回乡之时,才发现自己原来承包的土地其实已经被村集体组织发包给他人了。一些村社干部素质不高,胆大妄为,为一己私利,特别是村"两委"换届之前,利用宗族势力,搞选前交易。当选后随意变更、调整承包地和其他农村用地,侵害农村土地承包经营权。外出务工人员返乡要地也很容易引发纠纷,前几年种地效益低,负担重,部分农民外出务工;近几年返乡要地,与村组及其他承包户之间发生矛盾。由于原承包人无法取得政府颁发的《承包土地经营权证书》,以致无法通过诉讼程序保护自

17

己的权益。

(三)农村集体建设用地流转纠纷

农村集体建设用地是指乡(镇)村集体组织或农民个人用于非农业建设的土地,主要包括宅基地、经营性用地、公益性公共设施用地。近年来随着城镇化建设和城中村改造的迅速发展,农村集体建设用地流转的纠纷矛盾异常突出,其类型更为复杂化,主要类型表现为宅基地买卖或合建产生的纠纷、集体与开发商合作开发房地产产生的纠纷、集体与投资商签订租赁合同产生的纠纷、流转中的集体成员利益分配纠纷等。由于农村集体建设用地的涉及面广,争议利益大,所以纠纷解决更为疑难,并容易诱发群体性事件,严重影响社会稳定。

农村集体建设用地流转政策不明朗、不配套,以致很多流转行为实际上不符合法律规范,这也是引发农村集体建设用地流转纠纷产生的主要原因。例如,很多乡镇干部及基层干部在农村集体建设用地的对外流转中并没有认真详细规划集体土地的开发利用情况,关于土地的用途管制措施自然也不会得到落实,除了未认真规划外,有的基层组织还擅自做主超越权限和级别向外发包土地,这一行为其实属于违法行为。因为依据《土地管理法》第二十二条①和《村民委员会组织法》第二十四条②规定,村社集体出让或者租赁土地需要经过民主讨论,而且还需要三分之二的成员同意,村集体组织擅自发包土地则属于违法行为,这也是产生土地纠纷的原因之一;有的基层干部为了迎合土地

---

① 第二十二条 召开村民会议,应当有本村十八周岁以上村民的过半数,或者本村三分之二以上的户的代表参加,村民会议所作决定应当经到会人员的过半数通过。法律对召开村民会议及作出决定另有规定的,依照其规定。召开村民会议,根据需要可以邀请驻本村的企业、事业单位和群众组织派代表列席。

② 第二十四条 涉及村民利益的下列事项,经村民会议讨论决定方可办理:(一)本村享受误工补贴的人员及补贴标准;(二)从村集体经济所得收益的使用;(三)本村公益事业的兴办和筹资筹劳方案及建设承包方案;(四)土地承包经营方案;(五)村集体经济项目的立项、承包方案;(六)宅基地的使用方案;(七)征地补偿费的使用、分配方案;(八)以借贷、租赁或者其他方式处分村集体财产;(九)村民会议认为应当由村民会议讨论决定的涉及村民利益的其他事项。村民会议可以授权村民代表会议讨论决定前款规定的事项。法律对讨论决定村集体经济组织财产和成员权益的事项另有规定的,依照其规定。

承包商的需求,不惜牺牲农民的承包地,暗箱操作,钱权交易,最终利益受损的是农民。

村民(社员)之间转包、互换、出租的流转情形较多,往往因流转不当而易产生纠纷。其主要表现为:自行流转不报批备案,不申请变更登记;口头协议多,书面协议约定不明或内容显失公平、权利义务不对等;村社干部以村规划为借口,与农户签订违法协议,将耕地设为非农用地,以宅基地的形式出卖,有的甚至履行了自行审批手续。争议焦点有:一是村民之间很多会因为转包土地而产生纠纷。法律明确规定,土地承包经营权可以通过转包的方式流转。于是很多农民都会把自己所承包的土地转包给其他村民,在履行转包协议的过程很可能会发生矛盾,当双方不能通过协商的方式予以解决时,就会通过诉讼的方式予以解决。这类案件会因为争议产生的原因而呈现出多样性。若土地被转包或者出租后恰好遇到开发的机会,此时那块土地就会获得诸多的补偿,但关于享有该补偿的主体应是谁却存有争议,原承包人认为补偿费应归自己所有,受转让方认为补偿费应归自己所有,出租方认为补偿费应归自己所有,承租方会认为补偿费应归自己所有,各方各持己见,不能达成一致。原承包人会想尽一切办法解除土地流转合同,以此收回承包地,但受转让方对此付出了很多成本,因此其肯定不愿意返还,基层组织很难协调这种矛盾,最后还是得通过诉讼的途径予以解决。二是转包、互换、出租土地因种植经济作物或发现地下矿产资源引发纠纷,潜在的利益使一方心理失衡,也会因为土地集中流转后因为租金分配而产生纠纷。为了提高土地的利用效率,在取得承包户的同意之后,村社集体可以把相应的土地集中对外流转(实践中多为出租),若在合同的履行中有个别原承包人对租金分配有异议,比如认为租金的分配并不合理,他们可能就会以村社侵犯他们的土地承包经营权为由,诉请法院撤销相关的出租协议,以达到恢复土地权属的目的——但是由于这类案件涉及的人数较多,利益较大,处理起来难度较大。还有的会因为情势变更致使土地流转租金低廉,从而引起农民的不满。这里的情势变更主要指的是农业税的免征——由于他们在最开始签订合同的时候还需要征收农业税,所以农民租出去的价格一般都很低,因为有税负。但等到国家出台免征农业税的政策之后,实际上承租人就不需要付那部分农业税了,因此其承担的租金费用比之前要轻很多。但由于签订关于荒地等的租金协议的出租时间都比较长,一般都是长达几十年,所以出租人要想提前终止合同几乎是不可能,于是他们只能寻求情势变更的救济,显失公平,但是承租人都不愿意多交租金,因为其合同约定的租金就是那么多,而且还约定了很长的出租时间,因此双方就会为此产生争议。

(四)农村土地承包经营合同纠纷

土地承包经营合同纠纷产生的因素,一般可分为以下几种类型:

1.因为承包人拒不支付承包费而产生相关纠纷。实践中有很多将集体所有的水面、荒山或者鱼塘等承包出去,承包人便是想以此来发展农业等获得经济效益,但在合同的具体履行过程中,承包人可能会找各种各样的理由来达到不支付承包费的目的。比如村社所提供的荒山、鱼塘等根本不符合合理的标准,有的还会以自己目前还没有获得经济收益为由不交承包费。因此也就产生了去法院诉讼要求承包户给付租金的结果。

2.为招标承包而收回承包地进而产生纠纷。一般来说,土地承包合同的承包时间比较长,且最开始的承包费都相对比较低,因为经济效益并没有那么好,起初的土地经济价值没有那么高。但随着时代的发展和经济的进步,土地的经济价值飞速提高。因此,有些村干部为了经济利益就会将已经发包的土地重新发包给其他人,以获取更大的经济价值。土地发包方单方面收回承包土地的做法会引起很多关于土地的冲突。

3.未依法调整承包地。承包合同的时间一般都会比较长,在承包期间往往都会经历村委会等领导的更换,有的甚至会换好几届,这就涉及领导班子工作的交接问题。现实中存在很多这样的情况,也就是后面的领导班子可能会对前面的领导班子存在不满,而且他们会把这种不满情绪带到工作上来。因此,对于前任领导班子承包出去的土地,后面的领导班子可能就会否认合同的效力,有的甚至对合同的条款内容进行变更,有的会宣布单方面解除合同。由于前面领导班子签订的承包合同受制于经济的发展,因此承包费用现在的眼光来看一般都比较低,因此,为了获得经济上的效益,后面的领导班子就会单方面提高土地的承包费或者未经承包人的同意就将土地发包给其他主体,这些做法无疑会导致纠纷增多。

4.承包人擅自改变土地的用途进而引发纠纷。有的承包人最开始与村社签订协议承包相应的荒地等以种植果树等获取经济收益。但随着城市化和城镇化进程的加快,许多承包户可能就会私自在承包的荒地上面建造房屋,并出租,这样获得的经济效益远远比种植果树的经济效益要高。这种做法属于私自改变土地的用途,村民肯定会对其不满,进而产生相应的纠纷。

(五)农村土地征收纠纷

我国的土地征收制度指的是为了实现公共利益,政府依据法定的程序和条件将有关的农村集体土地的所有权变为国家所有,在征收之前都会对相关的农民进行征收补偿。随着社会的发展,征地的情形也越来越多,征地纠纷问题也成为一个越来越受关注的话题,对于这个问题,我们必须高度注意。征地纠纷从其产生情况看,既有历史原因造成的权属争议,也有因政策、法律、经济、社会、制度、管理等方面原因导致的征地补偿安置、违反征地程序等争议。从其解决过程看,情况也十分复杂,区域经济的发展状况、法制建设的完善程度、征地纠纷解决机制的健全与否,以及农民文化素质高低等因素都会对征地纠纷的解决产生影响。征地纠纷不仅仅涉及农业发展的问题,它涉及区域发展的方方面面,涉及历史的、制度的、社会文化的、管理的、经济利益的等多种因素。征地冲突是一种表面现象,在现象背后所隐藏着深层次的种种复杂的矛盾和利益问题。很多政府征地的原因和理由并不充分,也有很多政府在征收工作的开展中不注重安置工作或者说安置不到位,这就很容易引发纠纷。在征地实践中,常常由于以下原因引发农村土地纠纷。

1.农村土地征用的相关程序不合法

在土地征用的实践中,为了程序的简便和方便操作,很多企业或者个人都不按照程序办事,偷工减料。很多都是在取得被征地农民的同意之后,在私下与村集体经济组织签订所谓的土地征收协议。这就会影响到其他农民的利益,而且这种操作不具有民主性和公开性,就会带来很多的矛盾。

2.农村土地征用协议的内容不规范

农村中很多村干部的文化水平有限,无论是法律知识还是对于法律风险的防控能力都很有限,其签订的土地征用协议在很多地方都不符合要求,到后面产生纠纷的时候又不好确定。首先是关于补偿的价格,其并没有一个统一的标准,而是由相关主体自己协商,不同主体签订的协议的价格可能并不一样。其次是关于补偿费用的种类,往往都只有一个总的价格,没有具体的价格,比如土地补偿费、青苗补偿费等,没有对补偿费进行一个详细的分类,会导致很多纠纷产生。再就是关于征收土地的条款规定不清晰,往往都是模糊规定,并不能据此确定土地的面积有多少,以及土地的具体位置,征收土地的不确定性会导致很多关于土地位置的纠纷。最后,从总体来看,关于双方的权利义务约定很模糊,没有一个明确的界定,有的甚至都没有关于违约责任的规定,这种不确定性会导致纠纷更加复杂,让问题的解决难度增加。

3.农村干部的行为违法违规

在农村土地纠纷中,很多村干部存在违规操作。比如不按照规定召开会议,涉及一些重大问题时要召开会议,比如征收款项的计算方式以及款项的分配方式都需要召开会议,这些重大问题都需要由集体讨论决定,但在实际的操作中,很多村干部都不会按照规定召开会议。村干部的违规操作极有可能给村民的利益造成严重的损害,进而引发村民的不满,产生争议。

三、农村土地纠纷产生的主要原因

农村土地纠纷有着相应的社会基础,其实质就是不同主体之间关于土地利益的冲突,这些冲突的存在其实也存在着相应的社会原因。本书认为这些社会原因主要表现为农村土地的大量增值、历史问题的沉积、社会结构的变化、制度矛盾的凸显以及村民传统观念的影响等方面。

(一)土地利益的增值

随着社会的发展,纠纷和冲突也就相应产生了,二者是相辅相成的关系。其实人类之所以努力奋斗,都是与他们最根本的利益相关。只要有人类社会,就会有利益,既然有利益,就会面临利益如何分配的问题,但是不管如何设计分配制度,都会产生一定的纠纷,有的甚至会引发暴力冲突。利益的种类有很多,但从其本质上来看,利益最主要体现在经济利益上面。农村纠纷的根本原因其实就是经济利益存在冲突。我国城市化进程的推进和社会经济的快速发展,城市对土地的需求不断上升,以致土地的效益也随之不断攀升。在土地利益增值而土地资源却越来越稀缺的背景下,大量农村集体建设用地被征收以及农村土地活跃流转而引发的农村土地纠纷也日益增加。近年来,为了推动农村经济发展,国家无论在立法上还是政策上都在积极促进农村土地流转。随着土地的流转会产生的利益包括短期利益和长期利益两种。短期利益就是农民因为土地流转而获得的实实在在的资金收入。长期利益是指随着土地流转的推进,整个农村的经济面貌发生很大的变化,农民的整体收入也切实得到提高,农村的发展更加全面和健康。农村土地的流转的背后所要保护的是农民的权益,但是在实践中,由于农民相比于村委会干部等处于弱势的地位,农民的话语权极低,而且其利益诉求很难得到反映和认可。实践中也会有很多行为直接损害到农民的根本权益,比如改变土地的用途等。其实各种利益之间的冲突是纠纷产生的根本原因。

(二)历史问题的沉淀

历史问题的沉淀引发农村土地纠纷的发生往往体现在村规民约上。司法实践中发现,无论是农村土地的分配问题,还是农村土地的权属变动问题,在很多区域的农村社会都是采用村规民约来规制,其作用明显超过了法律法规。比如分配土地的问题,通过强制制定相关法律法规来约束土地分配可能会产生适得其反的后果,我国农村土地的分配从古至今都是按照人口分配的,甚至在土改时期也是这样实行的,农民都形成了集体所有土地的观念。由于这个历史原因,现在我国大多数地区仍然是按照人口来增减家庭所有的土地面积,可使村里人能大致相当地拥有等量的土地,这样的方式将会在一定时间内一直延续下去。但是惯例或习惯的运用并不能有效地调整所有地区和人口的土地分配,仍存在很多的漏洞和缺陷,这就需要运用法律定制的方式来弥补习惯和惯例调整不了的部分。很多地区的土地承包政策未全面得到实施,例如一些地区的"三十年不变"的土地承包期和"增人不增地,减人不减地"的政策未得到全面贯彻。随着社会思想观念的进步,妇女地位日益提高,但农村仍存在妇女土地权益得不到保障的情况。这种情况也是源于农村根深蒂固的偏见思想,法律虽规定了男女所享有的土地承包经营权同等,但实践中却对妇女的权利设置了许多无形的限制,比如,农村中出嫁的女儿能否获得本村土地、已离婚的妇女是否有资格获得或继续拥有与其丈夫当时共同获得的承包地,不同地区则有不同的做法。这些形态各异的情况都是在长期社会发展中形成的,也是广大农民群众虽未约定但自觉遵守的"规矩"。乍听觉得这些做法许多都违背了法律的思维,但是却为广大农民群众遵循和支持,其潜在的力量更是显著大过法律对其的规制,这都充分反映,想要改变这些约定俗成的"规矩"是极为困难的①。

(三)社会结构的变化

社会向前发展,随之而来的即是社会结构发生的巨大变化。现今现代化产业对农村的影响也日益深入,农村的经济发展格局、经济产业体系以及赖以生存维持生计的方法都或多或少地发生了变化,其变化随着社会发展越来越深入,其社会结构更是不再局限于地理区域。农村的经济结构早已不再局限于农业经济,从工业经济到如今与互联网结合使自己的产品更容易被推广,动动手指就可得到很好的宣传,这也就引起了社会成员的结构发生了变化。农村受到城镇化的影响,加上村村通、路路通的施行,交通便利使得农村成员跨区域流动比从前频繁了很多,进而改变了农村成员的身份。以上各个方面的变化造成了农村成员的多元性,同时也造成农村成员的利益不再局限于单一,导致不同类的成员对同种事务会产生不同的利益需求,更易促使纠纷的产生;而血缘关系、地缘关系为纽带的社会关系开始淡化,新的社会关系逐渐形成。各地农村在首轮和二轮土地承包过程中存在手续不清、档案不全的问题;因为受制于当时的历史条件土地承包工作不够细致、能够运用的技术手段有限,农户和集体经济组织为减轻"公粮"和农业税费负担有意瞒报面积,再加上开荒拓耕等原因使承包合同和经营权证书的记载与实际不符,农户承包地普遍存在位置不明、四至不清、面积不准的问题;农业税费和集体提留导致农民负担沉重,加上外出务工的吸引,农户撂荒、弃耕等现象一度很严重,发包方由此收回承包地并重新发包或组织代耕;一些农户的户口迁移和代耕农的出现,使他们与迁入地、迁出地产生利益冲突;在《土地承包法》出台前,收回承包地、交回承包地、调整承包地以及承包地的流转比较随意,为日后产生纠纷埋下隐患。

(四)制度矛盾的凸显

国家法律制度的不完善是农村土地纠纷引发的突出原因。如在农村土

---

① 陈丹、陈柳钦:《新时期农村土地纠纷的类型、根源及其治理》,《河北经贸大学学报》2011年第6辑。

流转方面,我国法律诸如《土地管理法》《农村土地承包法》《农村土地承包经营权流转管理办法》都涉及了农村土地流转内容的规定,已经存在了对农村土地流转制度的规制以及对农民流转土地时的权利保障,但这些法律都较为原则,不够具体。在这些法律中,也并非对所有的规定都是极为原则性的规定,像农村土地承包经营权流转的程序规定方面就有较为细化的规定。这种细化的规定对指导实践是颇有成效的,但是仍有漏洞,正如立法对不依法履行流转程序的流转行为的认定或当事人若有违规行为其后果仍规定不明,限制了立法对实践的指导。这样的矛盾造成了我国宅基地和属于农村集体用地的建设用地的流转在市场上极为混乱,而这两者在我国现行法律体系中尚属空白,仅仅在上述几部法律中概括性地规定了禁限及基本流程,对细节问题尚有保留。虽然法律规定尚不完善,但是许多地方性法规或行政法规都已经意识到了存在的问题,在中央精神指导下尝试出台相关法规来规制这些问题,如《黑龙江省农村建设用地管理办法》《广西壮族自治区农村房屋建设用地管理暂行办法》等能够代表各地已经开始试图寻求解决方法。但究其根本,缺乏统一立法的硬伤无疑会在处理同类问题时出现"同案不同判"的情况,这种尴尬局面是不利于农民认知和对农民权益进行保护的。实践中,国家政策对农村各类问题的指导作用也不可忽视,国家通过政策推动农村经济建设和发展,对于农村土地纠纷这一重中之重的问题,国家更是大力关注,不断在推动农村发展的同时试图调整和规范农村土地纠纷问题。但是政策先行和立法存在的滞后性的矛盾导致实践中农村土地纠纷问题层出不穷。

此外,我国在《宪法》《土地管理法》《土地管理法实施条例》《征用土地公告办法》等法律法规中,对土地征收问题进行了规定,但对这个问题却没有一个完整的法律来指导,只是零散地存在于以上几部法律法规之中。与上个问题的规制方法类似,一些省、自治区、直辖市同样规定了适用于本区域的土地征收补偿的相关内容,但思维的局限性导致其中存在很多的问题,主要可以归纳为:第一,补偿标准具有局限性,计算标准的依据缺乏合理性。土地征收的补偿,大多数地区仅仅考虑到了现存土地的实务价值和用途,而忽视土地的预期收益,甚至未将土地作为一种资产处理,廉价地补偿一些就解决,根据法定的计算方法所发放的征地补偿完全不足以解决农民失去土地之后的生计问题,严重损害农民经济权益。第二,补偿方式仅有金钱补偿一种,过于单一,对农民未来就业问题未予考虑,眼光短浅。这种单一的金钱补偿办法不能解决农民日后的生计问题,缺乏就业技能的农民在将补偿费使用完毕之后将面临没有收入的窘境,政府未对失地农民的就业问题制订可行方案。第三,对农民的补偿程序存在缺陷,农民未能有效参与补偿的过程。即使在计算与发放补偿费的过程中,有公告和听证规定的发出,但是农民实际参与听证的情形却少之又少,农民的听证权利缺乏保障的渠道。根据立法,征地补偿方案是由政府土地行政主管部门会同有关部门制定,该方案制定完毕后才予以公告,只允许农民明确提出修改意见,至于修改与否还需综合考虑,这样就极大限制了农民参与制定补偿方案的权利。

(五)传统观念的影响

农村土地纠纷层出不穷的原因不仅包括经济利益的纠葛,主要还是纠纷各方法律意识较为淡薄。以农村土地流转纠纷为例,当下农村土地流转在实践中具有较大的自由空间,这样的自由虽然是在法律的约束之下,但不能毫无限制地随意行使;在农村土地流转的情况中却存在很多农民对本集体组织内的农村土地流转或是对外出租农村土地无需进行任何手续交接。在农村社会,大部分农民认为,交易之间的当事人互相知悉,彼此对情况知之甚深,无需出具任何手续。笔者对实践进行调研发现,许多农民对法律规定的30年土地承包权的认知存在误解,他们大多认为既然30年不变,这30年内如何处理自己的土地就无需他人干涉,全凭自己处理,他人无权干预自己的农村土地流转。大多数农民对于一些新兴知识的把握和认识尚有不足,其对土地收益的认知主要也局限于耕地补偿。对于土地流转更是认为只有最简单的方式,因此他们不认为进行农村土地流转还需签订书面协议,而且还要到村委会备案。所以,他们对书面协议应当约定的使用期限、金钱支付方式、面积计算等问题也仅仅使用口头约定,这些情况都为日后一旦产生农村土地纠纷埋下"地雷",存在严重的隐患。

第二节 农村土地纠纷多元化解决机制的特殊性

一、农村土地纠纷本身的特殊性

在我国,有的农村土地纠纷是一种纯粹的民事法律关系,也有的农村土地纠纷是兼具民事法律关系和行政法律关系。由于农村土地纠纷本身的特殊性,以致它区别于一般的民事纠纷。

(一)广泛性

过去的农村土地纠纷大多数都是在农村内部,主要是社会经济的制约和交通的不发达,而且发生纠纷的原因一般无非就是特定的几种,比如因为合同而产生争议,因为侵权或者对于补偿费的分配等产生争议,很少有农村外部的土地纠纷。但随着经济的发展和城镇一体化战略的实施,农村土地资源的社会价值更高了,外界对于农村土地的需求度也越来越高,有需求也就意味着有矛盾的产生,由此也就会产生很多农村外部的土地纠纷,比如企业和村民之间的矛盾,政府因为征收土地也和村民产生了一定的争议等,这些争议的数量逐渐增多并成为土地纠纷的一个重要部分,因此土地纠纷的发生范围更具有广泛性。

(二)多样性

纠纷范围的广泛性其实也就决定了纠纷主体的多样性。农村土地纠纷的主体繁多,产生矛盾纠纷的主体不再是简单的某一个体与个体之间,不同阶层的主体也会产生矛盾纠纷,它的覆盖范围也越来越大,小到个人,大到某一经济组织或行政部门等。经常有单个个体之间、单个主体与团体之间、单个主体与集体组织之间、单个主体与行政部门之间、团体与团体之间、团体与行政部门之间、行政部门上下级关系之间等产生纠纷,产生矛盾纠纷的主体当事人不再局限于单个的个体,纠纷主体的关系越来越复杂多样化,以致解决纠纷的过程也越来越有难度。

(三)易激性

农村土地纠纷的主体主要是农民,土地是农民的基本生活资料,也就是农民的命根子,一旦引发纠纷,触及农民的根本利益,农民作为社会的弱势群体,由于法律意识相对薄弱,面对纠纷的解决,常常不从法律途径寻求解决,而是希望不顾一切代价通过自身力量采取一些过激行为给政府施加压力。因对抗性极强,当纠纷未能得到及时有效的处理,则很有可能会爆发社会冲突,引发严重的对抗事件,构成对农村社会秩序的破坏,对农村社会的和谐稳定极其不利。这些激烈的方式常常表现为不断上访,集体上街游行示威,甚至是采取暴力的手段抵抗国家机关工作人员执法,比如自杀、肆意伤人等,这些行为都有可能严重破坏社会秩序。因而,针对农村土地纠纷的易激性特点,处理农村土地纠纷事件时,不同于处理一般的民事纠纷,不能一味采用强制性的手段,而应考虑更多缓和的方法解决,如有效地采用协商和调解等非诉讼方式会使纠纷得到更有效更彻底的解决。

(四)复杂性

从历史背景来看,土地一直都是农民最为重要的物质生活资料,尤其是在社会保障体系并不健全的情况下,若农民的土地权益受到损害,就意味着其基本生存可能面临挑战,因此一旦遇到损害农民土地权益的事情,其肯定会尽力维护自己的权益。也正是因为土地是农民最为重要的生活资料,因此国家高度重视农民的土地问题,致力于保障民生。在面临农村土地纠纷时,许多农村集体组织的成员由于其文化水平有限,在解决纠纷时都采用土办法,并未学会通过法律途径来解决纠纷,这将会导致纠纷难以得到真正的解决,而是呈现出累积的趋势。在现代农村,虽然农民的法律意识有了很大的提高,也懂得或善于利用法律武器保护自己的权利,但农村土地制度具有自身的特点。"农村土地制度既要受到国家政策法规这一正式制度的约束,同时也要受到乡规民约这一非正式制度的规范。"①而其中乡规民约对农村社会的影响更甚于法律制度。因而,农村土地纠纷的规制不仅受国家的法律法规影响,更受乡规民约左右。然而,乡规民约具有不统一、不明确、争议多等问题,从而导致农村土地纠纷本身的复杂化。此外,长久以来的生活氛围及习惯,导致农民在土地流转过程中不重视对证据材料的保存,流转过程中也无特定程序来保障自己的权益。在土地流转过程中,往往只是通俗简易的合同甚至口头协议证明流转的发生。一旦产生农村土地纠纷,由于纠纷涉及的相关证据缺失,难以对案件事实作出认定,从而增加纠纷的复杂性,甚至导致纠纷难以解决。

二、农村土地纠纷解决的特殊性

农村土地纠纷解决的特殊性是我国农村土地纠纷在产生原因、解决主体和争议处理依据、技术等方面所呈现出的最大特点。我们需要建立专门的农村土地纠纷多元化解决体系的根本原因是依附于农村土地纠纷解决所表现的特性,也可称为农村土地解决的特殊性。与一般民事纠纷的解决相比,其特殊性具体表现在自治性、社会性、行政职权性与公益性等方面。

(一) 自治性

"自治"的本意是自己管理自己、自主地处理自己的事务并独立对其行为负责的状态,区别于外来权力的强从②。制度上的自治在广义上有三个层次:最高层次是世界语境下国家在主权上的独立自主。第二层次是国家语境下的地方自治,即由地方区域政权自主处理本地政务,又被称为政治性自治或"人民自治"③。第三层次是政权语境下的社会自治,即社会组织自行处理内部事务,又被称为管理性自治④或法律意义上的自治、团体自治。国家自从进行了较大幅度的税费改革后,农民也更重视自己的土地资源。税费改革后,

---

① 陈丹、陈柳钦:《新时期农村土地纠纷的类型、根源及其治理》,《河北经贸大学学报》2011年第6辑。
② 杨开道:《农村自治》,世界书局1930年版,第6页。
③ 陈顾远:《地方自治之政理与法理》,范忠信等编校:《陈顾远法律史论集》,中国政法大学出版社2006年版,第36页。
④ 李元书:《论社会自治》,《学习与探索》1994年第5辑。

种地的税费负担明显减轻,同时带来良好政策预期的各项惠农政策的出台,使得许多农民开始努力寻求更多的土地进行耕种。对土地植根于心的朴素感情,以及新时期下的农民经济理性的提高,日益强化了农民的土地权利意识,这使得土地在农民心目中的地位进一步巩固,当他们的土地受到非法侵占时,他们会积极采取各种方式努力维护自己的土地权益①。与此同时,现阶段农村土地由于具有极大的经济价值,一些社会主体就会进一步加强争夺土地,牟取非法利益,占地牟利事件的发生数量呈不断上升趋势。而农民经济理性和土地权利意识的强化又使其不会轻易放弃自己的合法土地利益,这就使得农民针对政府等其他社会主体的占地行为,必将会自觉采取各种维权行动。

费孝通先生曾经将我国传统的农村社会定义成为一种"熟人社会",指人与人之间小范围的相互认识交流的社会。由于我国过去长期处于封建社会形态,形成农民自给自足的自然经济体系态度。土地被一代代地传承下来,以家庭、宗族为基石,以亲情关系、婚姻关系、地缘关系为纽带,久而久之就形成了保守的"熟人社会"②。在实际生活中,纠纷和矛盾往往发生在熟人之间的较多。由于我国古代儒家传统文化潜移默化的影响,农村纠纷的主体形成了多一事不如少一事的观念,并在交往中希望少些矛盾冲突,更希望纠纷和平解决,彼此之间不会有太多的冲突。因此,通过调解这种方式化解纠纷,不仅是形式上的解决,还是一种消除纠纷当事人之间情感、心理上隔阂的调剂品,对农村社会中人们看重的关系是最好的解决纠纷方式。过去,法律还没普及到家的时候,以法律为准绳的法院在处理纠纷上体现不出有"人情味"的纠纷解决,往往不被农村人民所看好,因此执行起来也就增加了难度,也使得村民间的和谐友好关系被打破。相比较而言,调解则更为符合现在农村纠纷解决的实际需要。而且调解协议是双方基于自愿而签订的,当事人往往能自觉履行协议,执行问题一般容易解决。其不仅有利于减少矛盾主体、再审、申诉等现象,而且还降低了矛盾再升级的可能性,有利于构建和谐的村民关系。基于中国农村现状,充分发挥非诉讼纠纷解决机制的作用势在必行。非诉讼纠纷解

---

① 梅东海:《社会转型期的中国农民土地意识——浙、鄂、渝三地调查报告》,《中国农村观察》2007年第1辑。

② 费孝通:《乡土中国》,北京出版社2004年版,第1~9页。

决机制的优势在于自治,充分尊重当事人的自由意志,主体通过交涉达成合意只要不违反法律和善良风俗,就能够得到认可保护。自治状态下的非诉讼纠纷解决体制,更加体现出纠纷主体对纠纷解决的主要意愿,而较少注重程序性。这样就减少了纠纷解决的经济成本和人际关系代价,不仅有利于纠纷的彻底解决,而且当事人的满意度也会比较高。

(二)社会性

乡村社会是社会的重要组成部分,是社会稳定的基础,是一国社会秩序的重要组成部分,乡村社会的和谐对构建和谐社会有着至关重要的作用。众所周知,在乡村社会,土地就是农民的命根子,同时也是国家的立国之本。农民在对待自己所卷入的土地纠纷固然与市民被卷入的一般民事纠纷不同。土地在农民的心目中几乎是个人生存和发展的基础。一旦发生土地纠纷,就会充分体现它的社会性。当土地纠纷无法得到合适的解决,或者面对的土地纠纷解决上如果存在较大争议,他们就会产生反社会性。农村土地纠纷解决机制的社会性是指农村土地纠纷的主体,从农村土地纠纷的产生,到寻求合适的纠纷解决方式,最终达成纠纷解决共识的过程中,所表现出来的对集体和社会发展有利的特性。社会性是集体中的个体在活动时所体现,促进集体和社会发展特性的优点。社会性保护个体生存的重要因素。个体在社会性活动中所表现出的状态,被归纳为社会学中动物的特质。将社会性动物的特性分为两方面对其进行有效研究:一方面是自然本质,另一方面是社会本质。然而这两种属性之间也存在相互的作用力。当然,此外人类还具有道德本质。社会本质是个体在集体活动中,或在社会活动中所表现出的特性。而社会性动物的社会属性当中,一部分是社会性对本物种整体的发展有利的基本性质;一部分是反社会性对社会不利的性质。在社会个体之间的矛盾冲突暂时无法得到妥善解决的时候,就会出现人与人之间相互伤害的行为,所以人会表现出反社会性。农村土地纠纷也是如此,当纠纷无法得到解决,其反社会性就会自然显现,甚至造成严重的社会群体事件。例如集体上访,村民抗议拆迁等一系列农村土地纠纷群体事件不断发生。要减少反社会性行为的发生就应该从根本上去解决个体之间的矛盾冲突,才能有效地恢复人类的社会性质。

(三)行政职权性

农村的土地问题一直以来都带有很强的国家政策性,一些历史遗留问题、政策变迁所引起的问题一直与土地行政管理密切相关,也与土地纠纷的产生密切相关。行政机关因为对国家土地政策的把握更加熟悉,因此通过行政途径解决土地纠纷是值得肯定的。依照我国现行法律法规,行政途径不仅是解决土地争议的重要途径,而且有些还是必经途径①。同时,行政机关因为掌握大量司法机关所不享有的裁量权和各种权力资源,如税负减免、批租土地、给予特许经营等,因此其在解决土地纠纷中可以通过不同的资源调配,实现纠纷有效解决。

农村土地制度是事关经济社会发展和国家长治久安的国家基础性制度。而管理职位所固有的发布命令和希望命令得到执行的一种权力叫作职权。它是古典学者的一大信条:它被视为一种黏结剂,能够把组织紧密结合起来。职权同时可以委让给下属的管理人员,授予他们一定的权力的同时规定他们在限定的范围内行使这种权力。何谓职权行为呢?职权行为又称为职务行为,是指"作为权力主体的国家机关行使行政管理权或司法权的行为"。从理论上讲,职权行为包括特定性、相对性和强制性三个基本特征,即职权行为必须是针对特定的公民、法人和其他组织做出的具有法律约束力的决定。依据这个定义,在我国,农村土地纠纷解决应该是政府职权的体现。

(四)公益性

农村土地纠纷解决机制的公益性表现在:纠纷的解决效果不仅关涉村民主体间的利益,还有可能关系到社会以及国家的利益,农村土地事关农村改革发展的大局。因此,如何协调好农村土地在个体利益与集体利益之间、当前利益与长远利益之间的关系很重要。农村土地纠纷解决机制应当关注的是该纠

---

① 例如,《土地管理法实施条例》第25条第3款规定:"对补偿标准有争议的,由县级以上人民政府协调;协调不成的,由批准征用土地的人民政府裁决。"《行政复议法》第30条第1款规定:"公民、法人或其他组织认为行政机关的具体行政行为侵犯其已经取得的土地、矿藏、水流、森林、山岭、草原、荒地、滩涂、海域等自然资源的所有权、使用权的,应当先申请行政复议,对行政复议决定不服的,可以依法向人民法院提起行政诉讼。"

纷背后的利益关系,农村经济社会发展以及农民权益保护的根本诉求,而不仅仅以解决当前纠纷为己任。此外,当前产生农村土地纠纷的一个重要原因是,当事人土地利益诉求得不到满足,包括其利益表达渠道不畅通,利益代表能力缺失等多方面的问题。因此,在农村土地纠纷解决机制的完善中,通过健全和完善农村土地纠纷解决机制,构建起纠纷解决和预防的系统,为农民提供利益表达、诉求和救济的基本渠道,实现利益和谐是根本目标指向①。

我国农村社会当下依然是一个乡土气息较为浓厚的"熟人社会",农村土地纠纷事件中,不论是当地的村委组织或者乡镇企业,抑或农民个人,都是本村或邻村的熟人。因此,即便是发生了土地纠纷,乡里乡亲之间仍希望在纠纷的解决过程中能够维持原有的亲情邻里关系。在这类社群中,居民之间大部分因有着血缘或地缘关系等,彼此有着千丝万缕的联系。农村的圈子很小,大多处于一种熟人社会的环境中,纠纷当事人在通常情况下是不愿为了些许纠纷而撕破脸面将纠纷诉诸法庭,通过相对僵硬的诉讼方式来解决问题,这种选择形成的原因主要还是深受我国传统法律文化的影响,人们畏惧法律,厌讼,觉得通过诉讼来解决纠纷不利于中国的"以和为贵",当事人通常会希望选择非对抗性的手段化解纠纷,在此背景下,出于人民群众对非讼的需求,多元化纠纷解决方式的发展趋势还是十分可观的。多元化的纠纷解决方式以非强制对抗性的方式来解决纠纷,其关注的是最终能否化解纠纷,希冀效率高又不会给当事人带来强迫感,能够很好地满足各方的需求,从而能够促进纠纷的快速化解。

第三节 农村土地纠纷多元化解决机制的历史考察

当我们回顾中国的法律文化走向法治社会的历史进程时,不由感叹的是过去的中国法律文化竟然能在一个以小农经济形态为基础、兼靠宗法维系的

---

① 吴洁:《基于社区发展的我国农村土地流转纠纷解决机制研究》,华中农业大学硕士学位论文2011年,第21页。

社会,支撑起庞大的中华封建帝国持续运转数千年,相信这必有其震古烁今的特殊智慧和魅力之处。美国法学家庞德曾说:中国在寻找现代的法律制度时不必放弃自己的遗产①。因而,现代的农村土地纠纷多元化解决机制必然需要依靠历代农村土地纠纷解决的历史根基和经验积累。

一、农村土地纠纷多元化解决机制的历史沿革

沿着我国古代到近代,再到现代的历史航线,纵向比较我国历史重要朝代的农村土地纠纷解决机制。两宋时期在解决土地交易纠纷的问题上,手段方式多种多样,村民不仅可以去官府起诉,也可以通过族长宗老等进行民间调解,或者是由官府直接进行官方调解,相比唐代更着重对土地权的保护。到明清时期,以地缘社会解纷方式为主,其中最有影响力的就是明朝里老解决纠纷模式,其发挥了重要的解纷作用。明清时期的社会纠纷解决方式,体现了将社会自治与国家干涉相结合的纠纷解决机制特色。古代中国农村的土地纠纷化解以调解为主流,并呈现出多元化和趋同性的特点。古代中国农村土地纠纷解决机制的一些机制原则与具体运行方式,虽经历千百年岁月,但仍然具有强大的活力和生命力,其中的一些精华部分仍值得我们今天在农村土地纠纷解决机制构建方面进行借鉴。

(一)我国古代农村土地纠纷解决机制

1.我国古代农村土地纠纷解决机制的萌芽

我国农村土地纠纷解决制度萌芽于唐宋初期。随着土地私有制的发展,封建租佃关系也越来越发达,雇佣关系亦随之盛行,由此为了与社会生产力发展的要求相契合,统治者推行"不抑兼并""不立田制"的土地政策,导致土地交易情况空前地频繁,相应地,因土地交易而产生的纠纷亦不断出现。而地权矛盾的产生肯定引起怎样化解的难题,始于唐宋时期,我国古代对于地权所有者变更引起的争议,解决方法多样,土地争议双方既能够向统治阶级申告,又能通过族长宗老协商的方式解决争议,还能通过统治阶级出面化解。通过史料的记载,唐宋时期的土地纠纷解决方式早已划分为诉讼解决与非诉解决两种

---

① [美]庞德:《作为中国法基础的比较法律与历史》,《哈佛法律评论》1948年。

方式。

(1)农村土地纠纷的官方调解

据《大唐新语》①记载,统治阶级化解最早起源于唐代时期,专门解决民间的地权矛盾,唐代设置户曹、司户参军之职;当由于民间交易出现地权所有矛盾时,各省都设市令,同时各府、州、县下级设丞、佐、史等,亦可解决土地纠纷问题,以维护交易规则等情况②。在县之下还有:里正、坊正、村正、乡正等,这些民间机构的领导,需要多次参与矛盾的化解,尤其对于普通的地权矛盾纷争进行化解。根据调节主体划分,统治阶级化解大致可分成两种,一种是官府和官吏为主导进行和加入的争议化解情形,这种调节办法叫作诉讼内调处。由于诉清狱结,无稽延拖累是封建社会对于官吏政绩审核官员政绩的首要参数,因而州县官等皆尽力解决纷争于官方调解之前③。

当官方调解发展到宋朝时期,更加彰显特色。这一时期,官方调解可以被运用于诉讼的任何时段。当亲属之间发生田地纠纷,其在纷争解决阶段时,官府通常将化解作为裁断前的必要程序,尽管法律未曾明确指出。但统治阶级为确保亲戚之间"存亡继绝之义"④,一般在解纷决断前,统治阶级就派人请双方共有亲属化解当事人的地权矛盾。即使已经开始了案件审理程序,一些司法官仍旧寄希望于通过调解的方式来解决纠纷。尽管矛盾已经在审理中,审判者仍然可以通过化解的办法解决矛盾,也能再次化解。

(2)农村土地纠纷的民间调解

百姓自行解决纷争和统治阶级化解纷争有异,在唐代的百姓生活中,囿于百姓所处经济环境和生活形态,针对地权矛盾的真实办法是,很多的地权矛盾情况并没有通过统治阶级来化解,而只是取决于当事人之外的符合条件的第三人化解的办法就已经解决了。针对百姓的化解办法可以说是多种多样,因

---

① 《大唐新语》,又名《唐新语》《大唐世说新语》《唐世说新语》《世说》《大唐新话》等,是一部汉族笔记小说集。撰者唐代刘肃,生卒年、籍贯、字号均不详。此书有元和丁亥(807)自序,署衔"登仕郎前守江州浔阳县主簿"。《新唐书·艺文志》说他是"元和中江都主簿"。

② 刘肃:《大唐新语》,中华书局1984年版。

③ 张晋藩:《中国法律的传统与近代转型》,法律出版社2009年第3版,第330页。

④ 恢复灭亡的国家,延续断绝了的子嗣;泛指使濒临灭亡或已亡者得以继续存在或延续。《谷梁传·僖公十七年》:"桓公尝有存亡继绝之功,故君子为之讳也。"

为百姓自行化解没有官方规定的办法,并且这种方法更适合百姓,加上耗资少,所以颇为受众人接受。例如,受自古以来的君权至上和维护父权的传统影响,在唐代,一个家族的族长、家长也同样在相当程度上在家族范围内扮演着一种类似首领的角色,这些人他们平时就总是教导晚辈要有身份使命感和听天命的生活思想,从而可以使得集体内更团结,而且时时告诉他们每逢小我与大家有矛盾时,要顾全大局,化纷争于无形;当与其他地区或家族产生矛盾时仍需尽可能规避矛盾。这些作为类似首领身份的乡里头目和家族家长还经常向晚辈们宣讲并传授当地民俗法规和别的化解矛盾的方法。还会刻意夸大他们所讲的方法的重要程度,使得矛盾总能和气化解①②。从精神和生活两方面的教导,基层头目希望在所在地区的百姓们秉着以和为贵的心理和谐相处。另外一种是退休回家的为官者或学识渊博、德艺双馨的人士,由于这些人德高望重,因此人们有矛盾不找官府而找他们化解。诸如此类百姓自行解决纷争是否可行依赖于中间人的威望,自行化解的决定仅有相对约束,但翻盘的情况仍然较多。

百姓自行化解的方式到了宋代时,每逢出现百姓地权矛盾时很多人仍然会首先想到和解。跟唐代无不同,此类矛盾仍然都是借助族长、尊长等德高望重的第三人化解,"长者性笃厚,每一言一行,乡人取以为法,族里有争,率有直焉,得一言无不悦服者"③,这就是宋朝百姓自行化解土地纠纷的显著体现。在宋朝,乡村里有些士绅也能应邀成为化解土地纠纷的第三人,他们知识渊博,受人尊重。

从唐宋两代的农村土地纠纷解决情况来看,民间当事人选择调解,尤其民间调解的原因主要有四点:一是由于官方化解成本昂贵,即当事人一旦进行官府介入,则官方化解耗资很有可能高于索赔数额,可见得不偿失,此时私了索赔更为合理。二是担忧矛盾解决后对方心生怨恨仇视自己。受害一方将加害一方究其侵权行为告知官府,无论日后谁赢谁输,受害一方的周遭情况将会因此有所改变,甚至遭到报复。三是被迫调解。这种情形往往是发生在纠纷事

---

① 高其才、罗昶:《中国古代社会宗族审判制度初探》,《华中师范大学学报》2006年第1辑。
② 王闢之:《渑水燕谈录》卷四《高逸》,中华书局1981年版,第78页。
③ 王炎午:《吾汶稿》卷九《先父槐坡居士先母刘氏孺人事状》,四库全书全本。

件双方当事人社会地位差异巨大的情况,此时,弱势一方通常不得不妥协,被迫调解。四是主动和解。这种情况通常发生在侵害人自知理亏时,为避免事态扩大而向纠纷另一方请求和解。

(3)农村土地纠纷的批令调解

宋朝时期,官府允许民间百姓自行解决地权矛盾而不用申告至官府处由官方力量介入解决,因为百姓自行化解矛盾不但无需烦琐复杂的司法程序,这既为统治阶级省去了不必要的司法投入,而且由于百姓中的矛盾往往不至于使得双方当事人的关系受到影响,且能够在双方均相对可接受的结果下缓和矛盾。作为统治阶级,自然是何乐而不为。与唐朝的应对方法,宋朝除了有百姓自行化解、官府出面解决之外,还有官批民调的解决办法。官批民调是一种统治阶级授权一些符合条件的民间力量,使其有正当权限及合法的身份作为中间人去化解百姓由于各种事物引起的种种纠纷。具体程序为:百姓将冤屈申告至当地官府处,官府人员在初步听诉后判定其可诉性,若经商讨得出冤屈并非到官府出面解决的地步,可授权相关民间力量从中化解,即"批令"①。在民间力量无法解决时,再进入司法程序由官府定夺。宋朝这种独特的解纷方式源于其统治者独特的国家治理方法及司法系统,以及长久以来在百姓中逐渐形成的思想观念和价值评断。

(4)宗教审判方式解决农村土地纠纷

随着领土扩大,我国封建时代同关外各族的交往愈发频繁,国内没有的其他宗教在唐朝时流传至我国并发扬光大。如火祆教、景教、伊斯兰教等。纵观唐朝儒家学派为其主要指导思想是以儒学为指导思想,德主刑辅,在矛盾面前发挥宗教力量,从而助统治阶级稳固地位。其中,教派力量被用于化解百姓矛盾更是常见,有的是教派规则被百姓自行应用于自身矛盾中,有的是教派内部的矛盾解决办法被用于化解百姓矛盾,也有应邀作为中间人的教派人员为百姓化解矛盾。教派势力参与化解百姓矛盾的方法是从宗教社会时期教派势力

---

① 批令,是清朝体制之一,是上级机关对下级机关呈报或请示具体问题的批复文书,用指令。无论有无意见,每件均有指令回复。虽然无意见,亦批"呈悉。此令"或"呈件均悉,件存。此令"。民国初年限于大总统或上级官对下级官有所指挥用指令,而上级官署对下级官署或职官用经。民国三年,又规定"批令",用于大总统裁答各官署之陈靖事项。

化解众多百姓矛盾逐渐衍生而来。在这些宗教聚居地,人们甚至把教规作为普遍规则,还约定场所开展宗教活动,如宣讲教义等。在这些宗教仪式上,在这些教派活动中,教派内部规章制度得以顺理成章地运行,在钱权更替中尤为重要。在宗教社会中,以唐代为典型,神明裁判常被用于解决民间纠纷。因为钱权最终归属是依据神的观点产生的,纠纷双方均会绝对遵守,矛盾双方均会绝对遵守,同时胜诉方因自己胜诉而更加信奉神明的判断,事后往往祭拜有加。由于封建时代人们对神的无上尊崇,所以神做出的判决会更有说服力,更易被接受。

(5)行会裁决方式解决农村土地纠纷

作为我国封建社会的鼎盛时期,受农业、手工业的影响,唐代的商品经济亦迅速崛起。商品经济发展迅速,必然致使市场贸易的繁荣。"行会"起始于隋唐,是统治阶级为管理工商业者而强制其成立的相对独立的行业组织。行会只有在统治阶级的庇护下才能发挥其作用,囿于此,其面对工商业者的矛盾时,仅能化解而不能强制裁决。此外,行会首领即行老,一般由同行中最具权威者担当,他们这些人可以控制行内其他人的人身权。但利弊共存,行老的化解权限虽有官府授权的效力,但结果无强制力。事实上,在中国古代的农业社会中,统治阶级的财力限制了其权力的发挥,表现为,国家权力最多只能顾及县一级,而其下秩序只能由各种基层民间机构自行解决。这些基层社会组织主要有地方村社、宗族及行会。遇到矛盾产生时,各种基层民间机构便充当中间调解人,这些民间机构通过其所具有的渗透能力使调解结果更容易为大众接受,因而适宜救济了国家鞭长莫及的情况,为统治阶级巩固政权起到重要作用。

2.我国古代农村土地纠纷解决机制的发展

(1)宋代农村土地纠纷解决机制的立法

《名公书判清明集》证明了许多地权买卖矛盾的调解全可依照条例,这为法官审判提供了方便,同时也为人们主持公道提供了地方,宋代耕田的控告形式依照不一样的规范得到不一样的分类①。这篇文章从参与人的不同分类,包括:平民的控告、家人间的控告和平民与强权间的控告。根据著名学者朱瑞

---

① 《名公书判清明集》,中华书局1987年版,第77~85页。

熙的研究,在宋代凡人是固有词汇,指诉讼双方的当事人是完全独立的两户人家,即彼此之间不具有任何亲属关系、主仆或主佃关系①。宋代当时的《名公书判清明集》中记载了地权买卖争议有八十三起,其中平民的地权买卖矛盾占到了多数的分量,这表明了凡人之间的土地争议成为了主要议题,将平民的地权买卖矛盾分三种②。第一是叠加买卖。把相同的地转卖给不同的人,这应当属于欺诈。第二是抵押回买卖,指该物的持有人在将此物典当之后仍然可以用原价将该物赎回。这一权利的重点是确切的时间内和原价,各个矛盾中抵押回买卖矛盾在平民地权买卖矛盾中占绝大部分。"典赎之法,昭如日星"表现宋代非常看重这一矛盾,同时表现耕田抵押是矛盾的主要诱因。照典籍所述,如果矛盾双方想要进行该类买卖,必须符合三个要点,即合同、价格、时间,这三要点是造成矛盾的关键缘由。第三是虚假类矛盾。宋代的耕田买卖,买卖双方一定要缔结对应的合同。所有的耕田买卖,一定要签订合约,而且一定要得到政府的准许证明,然后买卖两份各自保管一份。然后买卖双方各自保管一份,并据此作为享有相关权利和发生法律效力的重要凭据。但往往因为合约的本质属性,往往会发生虚假合约的现象,用着虚假的合约去侵害土地所有者的合法权益。从而形成对应的矛盾。亲属间土地交易纠纷占了土地纠纷案件三分之一的比重。所谓亲属,即指因婚姻、血缘或者收养行为而产生的社会关系。本书依据长幼关系把具有亲缘关系的当事人之间的地权矛盾分为三种。一是尊长控告子孙卑幼类。在《宋刑统·户婚律》③中,囿于封建礼数,宋代统治者在地权更替方面有相对的约束性,表现为家族首领在的情况下,卑幼与寡妇不可违背家族首领,私自变更地权所有者,同时明文指出地权变更的告官期限,以达到买卖程序健全的目的④。因而当卑幼违反这个禁止性规定进行土地交易,就会引起纠纷。二是子孙卑幼控告尊长类。尽管宋朝对于晚

---

① 朱瑞熙:《宋代社会研究》,弘文馆1986年版,第43~44页,第59~60页。
② 《名公书判清明集》,中华书局1987年版,第87~100页。
③ 宋太祖建隆四年(公元963年),在工部尚书判大理寺卿窦仪等人的奏请下,开始修订宋朝新的法典。同年7月完成,由太祖诏"付大理寺刻板摹印,颁行天下",成为历史上第一部刊印颁行的法典。全称《宋建隆详定刑统》,简称《宋刑统》。其中共三十一卷,分为二百一十三门。它一是创建了"折杖法",二是有关民商立法比唐律更加完善。
④ 张全宇:《〈名公书判清明集〉所见之宋代土地交易纠纷及其解决》,河南大学硕士论文2014年,第14页。

辈控制其地权有相对的限制但仍然有相对幅度的保护,表现为宋代统治者制定了同样禁止家族首领私自变更晚辈所有地权的持有者,这种规定相对体现出父权与长者权限减小及自由买卖的公正性。诸如此类的矛盾是由长者凭借人们尊老敬德的思想观念,而随意参与晚辈对于自身所有财产进行所有者变更的阻碍,即侵夺合法财产,而为避免这种现象,宋朝统治者遂以明文规定的途径保障卑幼的合法财产权不受侵犯。"况卑幼产业为尊长盗卖,许其不以年限陈启",可见,即若尊长擅自盗卖卑幼的土地,则契约是无效的①。三是兄弟之间争业类。宋代经济发展使得人们相比往代更加重利益、轻情义,因此人们总是尽可能达到自己能力范围内的一切财富,由此导致了兄弟之间因地权矛盾而引发出告官的情形。

2.明清两代农村土地纠纷解决机制的立法

明清两代(1368—1911年)是有机整体性较强的历史时期,共同构成了中国历史进程中的一个"中时段"。明清两代的制度文化具有较强的"板块性",明朝的地缘社会组织(如保甲、乡约组织等)在清初就得到承袭。此外,清朝所采用的《大清律例》②基本上是出自于明朝的《大明律》,明清两代是共有一部法律,这在中国历史上似乎绝无仅有。明代与清代是封建时代与当今社会的连接点,它继承和发展秦汉唐宋制度文明的主要成就,集中国封建制度之大成,形成了中国古代最为系统完善的政治法律制度。据历史文献记载,随着宋代以降社会经济的急剧变迁,土地交易日趋频繁,所谓"千年田,八百主"在明清时期的农村土地纠纷主要表现为田宅类纠纷。这类纠纷包括土地房窑买卖、土地的租赁的纠纷,其中契约纠纷等占大部分比例。这类纠纷在古代很重要,乡民"然刁而健讼,其风大半起于田土"③,明清时期是中国社会纠纷空间增多,同时也是传统纠纷解决机制及其相关规律展示最为充分的时期。当事

---

① 张全宇:《〈名公书判清明集〉所见之宋代土地交易纠纷及其解决》,河南大学硕士论文2014年,第15页。

② 《大清律例》是中国封建社会最后一部法典。清朝的传世基本法典《大清律例》的制定工作,开始于乾隆元年,经过顺治、康熙和雍正三朝君臣的努力,到高宗乾隆皇帝即位时,命三泰为律令总裁官,重修《大清律例》,在经过高宗御览鉴定后,正式"刊布中外,永远遵行",形成清朝的基本法典。

③ 白寿彝:《中国通史》,上海人民出版社1999年版,转载《方舆编》之《职方典》卷第676页。

人自行磋商和司法机关仲裁是明朝与清朝最为重要的矛盾调节方式,当事人磋商主要有当事人自行调解和司法机关参与协调,司法机关仲裁主要审判民事案件。当事人自行磋商和司法机关仲裁这两种调解方式具备以下几个特点:一是当事人与审判机关共同调解矛盾,这就形成了多样的矛盾调解对象与方式;二是"对于刑事案件,因其审判特点突出明显,所以国家更加注重对此的解决";三是"更加倾向于以道德为尺度对案件进行审判";四是"越发重视调解中的情理";五是"明晰调解的宗旨,即调解矛盾以及解决纷争";六是"对于民案的调解,更加倾向于与刑法的手段相结合共同来解决民事纠纷"。其中最为表现的就是明清时期地缘社会的纠纷解决机制,当时的区域社会矛盾调解方式空前发达,不仅是前代矛盾调解方式的延续,而且伴随着质的转变,在当时的农村地权矛盾中起到了关键的效用。

(1)里老解纷机制

里老解纷机制对解决明清时期发生的土地纠纷发挥了重要作用。这种矛盾调解方式定义了里老人,指的是在底部农村中被推选出来的德隆望尊,黑白分明的老人,对于前来控诉的民事争议或者一些刑事争议,在申明亭中教育感化以及调解。这是当事人双方到政府进行控诉前的一个步骤,同时也是明太祖在传承的过程中深化自治与国治相融合的底层处理方式。这种调解方式在明朝洪武年间发布的《教民榜文》①中得以创建,这也是长期以来人们探求该种机制的关键文献。并且这种机制是依照里老人的名望或者影响进行分类:一是决定调解矛盾形式,二是辅佐调解矛盾形式。主要剖析该项机制是怎样在执行阶段运营的以及怎样与另外的机制互补结合,共同发挥其效果。

在明清时期,里老解纷机制的实际主体是组织的领袖或代表人物,他们一般是乡里组织的里甲长、里老人、保甲长、乡约制度中的约长等。明清时期地缘社会组织的代表或领袖在总体上属于民间社会的精英,他们中的大多数都有一个共同身份:乡绅。明清乡绅是明清时期地缘社会的主要领导者,是地缘社会解决纠纷的主要角色,是民间解纷最积极最有效的参与者之一。他们都

---

① 《教民榜文》和大诰一样,也是明朝初期朱元璋所颁布的一种特别刑事法规。榜文是皇帝的谕旨或者经过皇帝批准的官府的告示、法令以及案例,朱元璋时期发布的榜文包含了很多教育百姓遵纪守法的说教内容,所以又称"教民榜文"。

是擅长调处纠纷的能人,一般能忠于职守、公正解决纠纷。乾隆十八年(1753年),一份山地卖契因年代久远,部分字迹模糊残缺难以辨认,从而引发土地纠纷。后来该土地纠纷的解决是由村里的里老人充当"中人"调解完结。

(2)以社会生成法为主的适用规则

我国古时候的整体社会准则是"天道—国归—常理"三要素的融合。其中国家和社会解纷各有侧重,国家解纷侧重于国法,而民间解纷则侧重天理与人情。日本学者寺田浩明曾称国家具有条规,群众自行有约定,政府具备条例规则,地方具备规则禁令,条例指导全社会,禁令制约部分地区。① 在明清时期,调处纠纷组织主要适用社会生成法。它就是社会自然生成的"法",也可以理解为非国家正式颁布的法,也是天理与人情的体现,常见的社会生成法有乡俗与习惯。根据历史文献记载发现,乾隆年间很多土地纠纷的解纷适用规则就是土地交易俗例。当然国家法律在民间调解中也有重要的影响,地缘社会组织调处纠纷有时也会适用法律,社会生成法与国家法之间事实上存在着互动。

(3)礼法合治思想下以教化为宗旨的社会控制制度

虽然明初统治者本着"刑乱国用重典"思想治国,但同时提倡礼法并用、明刑弼教的原则,兼顾礼与刑。朱元璋曾言"朕仿古为治,明礼以导民,定律以绳顽"②,可见明帝通过立法并重来巩固政权。相比《大明律》③,《大诰》④中多有的重典治世思想,《教民榜文》则集中体现了礼治教化思想,尤以里老解纷机制为代表。从《教民榜文》以及载有老解纷机制的真实历史资料,可看出劝谕教民原则是明朝应对民间纷争的主导思想,根据这一原则,被百姓公认为化解主体的人须为德高望重、受人尊敬的人,解纷时的站位的先后就能体现出宋朝尊

---

① 吴欣:《清代民事诉讼与社会秩序——以民事诉讼主体为中心的研究》,南开大学博士学位论文 2005 年。
② 怀效锋点校:《大明律御制大明律序》,法律出版社 1999 年版,第 1 页。
③ 《大明律》,全名为《大明律集解附例》,是明代的法令条例,由开国皇帝朱元璋总结历代法律施行的经验和教训而详细制定而成。
④ 《大诰》,明太祖朱元璋亲自写定的刑典,明初洪武十八年(公元 1385 年)十一月,发布《大诰》,也就是整理这一年审判贪腐方面的重大案件,以诰文的形式向全国发布,告诫官吏们不要重蹈覆辙,包括《大诰》《大诰续编》《大诰三编》《大诰武臣》四部分,统称《御制大诰》。

敬老者,以德治人的指导思想①。"孝顺父母,尊敬长上,和睦乡里,教训子孙,各安生理,毋作非为"的圣谕亦可见老者地位。这些礼义教化的进行大大加强了基层人民邻里和睦、长幼相爱及和息无讼等的实现,这便是里老解纷机制的实施前提②。该项制度在法律保障、朝廷支持、里老人权威、日常教化的共同作用下运行,达到统治者"以良民治良民"的统治目标③。

我国古代农村土地纠纷解决机制所体现的特点有:

第一,人们惧怕选择诉讼解决土地纠纷

对于唐代来说,和其他大部分封建朝代一样,因为诉讼所引起的极大困扰,使得人们害怕提起诉讼。当人们提请土地纠纷诉讼时,要经历一系列诉讼活动,这其中需要耗费掉人们大部分的时间以及钱财。除此之外,办案人员的各种勒索、威胁以及司法人员进行定罪量刑时依据其喜怒哀乐的随意性必然使人们远离土地纠纷诉讼。总而言之,诉讼成本极高以及司法制度腐败致使人们害怕进行土地纠纷诉讼。

第二,官方调解执行率较高

在政府机关居中协商,大部分大臣具备了佃民的称号,因为他们精通利用调解方法,并且缘由他们的名望与丰富经历,即使政府机关居中协商不具备恒定的律例步骤,其结局仍然具有确切的逼迫性。其他部分是以乡长、保长等为指导的协商办法,因他们的职务本就具有某些政府化或者半政府化的特点,即使是在控告外协调,结局仍具备某些逼迫性,致使政府协商执行率较高。

第三,民间调解缺乏有效监督

在无确切指出协调必须要司法机关组织协调的宋代,现实中的案件仍然常常是由司法机关协调的。并且拥有较大自由裁量权的法官在进行调解时,因强权霸主的各种压迫和威胁,往往会形成不以法律为根据,不以事实为基础进行审判,强制要求当事人接受极不公平的结果的现象。有些司法官员虽然公平正直、廉洁严明,但受到儒家传统的伦理思想的熏染,在审判时,以儒家伦理为审判依据,脱离了现实的法律基础,最终形成不公平的结果,增加了冤假

---

① 杨亚平:《明代里老解纷机制研究》,山东大学硕士学位论文2014年,第45~46页。
② 杨亚平:《明代里老解纷机制研究》,山东大学硕士学位论文2014年,第45~46页。
③ 杨亚平:《明代里老解纷机制研究》,山东大学硕士学位论文2014年,第45~46页。

错案的发生。从《名公书判清明集》中记载"下殇无立继之理"中可以得知,在宋代,由于民间调解缺少严格、有效、合理的监督,极易被强权霸主利用,作为他们欺压百姓、为虎作伥、胡作非为的工具。并且由于调解时,调解人容易受到各种因素的影响,很难做出公平公正的判决,使得调解很难成为保护百姓合法利益、维持公正公平的社会秩序以及对抗强权强势的有效手段①。

(二)我国近代农村土地纠纷解决机制的考察

1.清末时期农村土地纠纷解决机制

清朝后期,列强纷纷踏入中国,划地为界,更享有"在各省租买田地,建造自便"的特权,于是许多民田便成了洋行。与此同时,朽棘不雕的清朝政权因付不起"赔款",而用土地作抵押,如因拖欠庚子赔款14万两,便只好"以河套卜尔地亩一段,计地2090余顷,以为抵押"②。在清末的农村社会,依据国家制定法调解农村土地纠纷是大原则,但在实际操作中,依然依据乡规民俗、伦理道德、家法族规等进行调解。由于家法族规涵盖了调解纠纷等方面的规定,可弥补国家法律的不足;此外,清末时期的封建统治者也充分认识到宗族势力对农村社会稳定的重要作用,所以大力扶持宗族势力的发展,并予以家法族规有效性。以致家法和国法共同成为农村土地纠纷调解的重要依据。对于农村土地纠纷的处理,国家当时也大力倡导"息讼止争"的诉讼观念。各类社会组织解决土地纠纷的方式最大的共性或最宏观的概括体现在教化与维权互相结合。这里所指的"教化"类似当今的思想政治教育工作,表现在解纷就是优先注重教育化导,其次才用强制裁断;其强调通过改变人的灵魂或思想,即实际人际心灵上的和谐,从而使当事人心服口服,而非通过裁断和惩罚改变人们的表面行为,致使当事人勉强服从。"维权"是指通过化解权利冲突的方式而使当事人的应得权益得到必要的实现和保障。而实现教化与维权统一实行的具体途径就是坚持多元方式调解纠纷,即不仅注重单一方式的选择,而且注重调解、裁判、神判以及多元方式的混合运用。

尽管清末统治者大力倡导"息讼""无讼"观念,积极建立农村社会土地纠

---

① 《名公书判清明集》,中华书局1987年版,第77~85页。
② 廖兆骏:《绥远志略》,正中书局1937年版,第179页。

纷调解机制,在维护农村社会稳定确实发挥了一定的作用,但仍然存在着局限性。一方面清末时期州县官吏在调处农村土地纠纷时,由于过分注重息事宁人,忽略对纠纷事实的认真审查和法律责任的划分,以致在纠纷解决中直接损害了纠纷当事人的合法权利。另一方面,民间调解的执行效力有局限。由于民间调解书并不具有法律执行效力,以致民间调解协议的执行主要依靠当事人的个人信用和对周围舆论的遵从。当签订纠纷调解书的一方当事人不履行协议的情况下,另一方当事人最终还必须依靠官府的强制力解决。因而,在实践中不少土地纠纷的案件调解取得成功了,但是由于一方当事人的不履行导致调解最终不能落到实处,以致农村土地纠纷没有得到及时有效的解决。

2.新民主主义革命时期农村土地纠纷解决机制

党中央在延安奋战的十三年为"土地法定、地权证定"打牢了关键地基。1937年9月20日颁布的《陕甘宁边区政府颁发土地所有权证条例》①相对较为全面系统。条例把土地所有权、土地登记、地权处理作为主要章节,还就土地所有权证载明事项、颁发公告、损坏遗失等作出明确规定。这一条例的颁布和实施,标志着中国共产党对土地确权登记发证在理论与实践上的历史性飞跃。它大大推进了各个根据地、解放区的土地确权登记发证工作,为新中国建立前后的土地改革奠定了坚实基础。这项条例一经颁布,就使得当时的中共各基层战线顺利展开土地改革工作,是中国土地改革史上的里程碑。中国共产党又先后制定了多条关于土地改革的纲领性文件,对这个阶段的土地改革事宜做出了战略性指导。国家在各地积极开展了土地法试行工作,同时加大政府执法力度,在对土地法进行研究的同时颁布了一系列具体操作办法。1947年12月苏皖边区发布了《苏皖边区第二行政区人民法庭组织办法》,规定了在土地改革复查期间,各级农联会有权根据人民意见,对一切侵害农民合法土地权益的敌对分子进行审查、裁决,积极维护土地改革的相关工作。同

---

① 该条例共17条规定。第一条定义了土地:"本条例所称土地,包括农地、林地、牧地、房地、水地,及其他水陆天然富源。"第三条规定:"凡第一条所定土地及其定着物之所有人,必须依本条例向当地县政府领取土地所有权证。"第五条规定:"土地所有权证,为土地所有权之唯一凭证,在土地所有权证颁发后,有关于土地所有权之各种契约,一概作为无效。"第六条规定:"土地所有权证由边区政府统一印制,由各县政府盖章颁发后,即发生效力。"

时,苏皖地区也相继颁布了有利于法院实行裁决审判工作的组织条例与办事细则,规范了法律受理程序,严格依法行事。同年,陕甘宁政府也颁布法令规定了人民的合法权利,人民的住所属于人民,不受任何其他形式的破坏①。对于已经解决了土地问题的地区,所有的土地、房窑都要依法进行登记。为了保证人民的合法权益,对于及时派发土地证,给政府为此做了一系列规定,保证土地权属的合法性。1948年,晋绥边区颁布法令,开始大力推行土地改革制度,对土地法进行细化和完善,结合本地区的实际情况,对土地证的派发与合法权益的公正进行了详细规定,为了维护本地区所有公民的合法权益,大力推行土地法的工作进度,并公布法令,使人们认识到政府的重要性与法律的权威性,为新中国完善土地法规奠定了基础。全国各地都为土地改革与土地法的施行进行紧锣密鼓的工作,各地都颁发了相关的法律法规,为法院工作提供法律依据。

在新民主主义革命期间,为了及时解决由于土地改革带来的一系列土地矛盾,政府专门组织和培养由乡村贫民、无产者组成的自治组织如农会、村苏维埃等,赋予基层组织以广泛的纠纷处置权②。晋察冀边区及时颁布了相关调解法令,为及时解决人民的土地问题作出贡献,相关法令规定了:"加强对群众观点意见的收集,重视他们的想法,任何事情都要先考虑群众的各种利益,并且加强群众与群众的联系,指导他们通过协作解决实际问题。"在村庄的调解工作中,县区干部可选择适当村庄,指导村干部进行示范调解工作,动员附近村干部参观,并总结经验,介绍各村供作参考;根据事实需要,确定民政委员进行对村庄的调解工作时,必须要办理并完善好相关的手续,而且要担负起审理与组织调解的重任。当出现双方当事人无法自行调解的矛盾时,民政委员有权要求双方推出一个认可的调解员,由调解员做出合理合法的调解要求,以此来实现民主与平等。调解处理与法院审判裁决不同,调解处理的当事人在法定期限内如果不愿意执行调解结果,可以向人民政府或有关政府部门申请重新调解,而法院审判结果则不用考虑当事人是否同意强制执行,因此要区分调解处理与审判结果的不同效力。所以除了上诉这种情况,调处结果等同于

---

① 何兵:《现代社会的纠纷解决》,法律出版社2003年版,第21~30页。
② 何兵:《现代社会的纠纷解决》,法律出版社2003年版,第18页。

已确定的判决,二者具有同样的法律效力。在处理县区村各层级关系上,强调了经村调解不成立的案件,到区处理时,无论是调处或是仲裁,要尽量维持,不可轻易变更,对于不妥的调解意见,不但要纠正,而且要研究其不妥的原因,针对症结所在,进行教育。不服区调处,经县处理时,无论是审判或仲裁,对区调处意见,也要同样照顾。为了鼓励村民采取调解解决纠纷,规定了调解不得收取任何费用,调解人不得收受报酬,违者以贪污论罪。由于晋察冀边区着重通过调解解决土地纠纷,使大部分纠纷能在区村解决,到县以上政府起诉的只是极小部分,在减少人民讼累与上级政府讼案上,起了不小的作用。随后,各地解放区以及各区内的村都纷纷推行调解手段解决村里的土地纠纷,制定了相关的规章制度规制调处行为,如《调处案件的决定》《调解委员会暂行组织条例》等。区县调解委员会的顺利开展对于及时有效的解决处理矛盾纠纷,减轻诉讼机关(人民法院)的压力,防止出现机关事务堆积,审判结果迟迟不定,损害人民利益的事情。同时,下级机关的工作推进有利于上级机关合理分配资源,统筹兼顾,调整土地的合理分配。

我国新民主主义时期的农村土地纠纷解决机制所体现的特点是:一是民间调解与司法调解没有界线。在解决农村土地纠纷的过程中,民间自治与司法审判交接互动,形成了所谓的"第三场域"①。大多数土地纠纷是先由当事人自己协商解决,协商不成再由村政府调解,如调解失败,当事人可以申请由区政府出面调解,对区政府调解不服的,可以起诉。这里充分体现了国家制度与民间自治之间的互动关系②。二是民间调解协议的效力得到国家的确认。根据晋察冀边区《关于加强村调解工作条例》《晋鲁豫区调解委员会组织大纲》《关东地区行政村(坊)调解暂行条例草案》等法规规定,调解书只要调解确属双方自愿并不违反政府法令和善良风俗的,和解书与法院的确定判决具有同等效力,并具执行力。

(三)我国现代农村土地纠纷解决机制的考察

在我国依法治国基本原则下,以国家保障实施的救济原则,诉讼解决机制

---

① 黄宗智:《民事审判与民间调解:清代的表达与实践》,中国社会科学出版社1998年版,第108~132页。

② 何兵:《现代社会的纠纷解决》,法律出版社2003年版,第20页。

逐渐占据重要地位,这成为保障民生的决定性手段。因此,诉讼解决机制成为当前社会的主要矛盾解决机制。然而,在我国农村土地纠纷领域,由于其历史原因和现实因素以及其特殊性,调解、协商、行政裁决等非诉纠纷解决机制在化解现代农村土地纠纷中却发挥了不可忽视的作用,甚至凸显了其相对于诉讼解决机制的优越之处。

1.农村土地纠纷诉讼解决机制

当代人们随着法治理念的发展对于自身权利的认识出现变化,人们开始利用法律来解决自身遇到的问题,使用私力救济必将使正义终结,所有人回到自然状态①。现代人们随着法治建设的建立健全,逐渐认识到自身权利的重要性以及通过法律手段来维护自身的合法权益,通过公权力来保障相关行政规则的实施。诉讼作为现代司法程序中重要的一员,实现了从私力救济到公力救济的转变,是法治进步的一项伟大飞跃②。在一般情况下,诉讼是指公民行使诉讼权,将所需裁决的案件交予法院,由法院进行审理并依法做出裁决的方式。诉讼具有法定性与强制性的基本特征:程序法定性,即要求诉讼活动必须依据相关法律法规的规定,做到依法执政。强制性,即法院严格按照相关的法律法规对当事人双方的各自合法权利以及应承担的义务做出裁决,诉讼为法院单方面做出的,并不要求当事人的同意的强制性裁决手段,并辅以国家强制性手段保证裁决结果的执行。但是,无论是诉讼自身存在的结构性缺陷,还是社会条件对诉讼启动运行的制约,都直接导致诉讼在解决纠纷的过程中存在局限性。首先,在诉讼过程中,与刑事和民事诉讼不同的是,法官在诉讼调解过程中占据主导地位,人民成为诉讼的被动一方,使得公民的权利行使受到限制;其次,司法诉讼中依据法律法规实行裁决,裁决结果可能与民众的想法有所差别,这便是法律与社会的差距。法律作为保障大多数人利益的手段,拥有其法定性、确定性与强制性,出现差距不可避免,但是如何处理好二者的关系,安抚群众情绪,积累政府威信是需要我们不断实践的。最后,由于我国现在的法治体系还不够完善,司法资源的分配还不尽如人意,这就导致了在诉讼

---

① 邵华:《司法的有限性与弱势群体的权利救济》,《新疆大学学报(哲学社会科学版)》2006年第4辑。

② 吴汉聪:《论法律的纠纷解决之困——以一起民事案件的解决过程为观察点》,《社会中的法理》,法律出版社2011年版,第455~498页。

压力越来越大的今天,司法机关无法及时做出处理,致使案件拖延,人民的利益得不到保障。以诉讼为主要解决手段的同时,还应结合非诉讼机制例如调解、仲裁等解决方式来完善诉讼解决的缺陷,减轻司法机关的压力,以使土地纠纷得到及时有效的解决,切实保护民众的合法权利。

2.我国现代农村土地纠纷非诉讼解决机制

(1)农村土地纠纷仲裁

迄今为止,关于仲裁的最早的文字记录是古罗马的《十二铜表法》。古罗马发达的商业贸易不仅使得经济繁荣增长,也培育了有关的纠纷解决机制。当人们之间发生经济纠纷时,就已经学会了采取仲裁的方式①。纠纷当事人之间就争议进行磋商,若还是不能解决纠纷,就邀请德高望重的第三人独立于双方当事人进行辅助协调以兹求得解决纠纷②。在传统法律意义层面上,仲裁是民间纠纷的化解方式之一。仲裁具有合同性质的同时又具有法律性质,是一种具备双重性质的争议化解机制。关于仲裁的定义,田平安教授的表述比较全面,他认为,"仲裁是指在仲裁员的主持下,在民事纠纷双方当事人的参与下,依法对民事纠纷居中裁决并制作一定法律文书平息冲突的方法"③。从仲裁的法律确认与运行情况可以看出,平等、守信的契约自由精神和审判思想的统一较为精准地显示出仲裁的特点。仲裁的实行不依靠国家权力作为载体,按照严格的法律规范,做出具有法律效力的最终判决并依靠国家强制力予以实施,也不像其他争议化解方式那样随意和私人化。仲裁与其他非诉讼调解机制之间存在如下区别:第一,公平性。仲裁的原则和宗旨就是公平正义,而不是具有强制性的判决。仲裁基于双方当事人平等的地位,和平地解决冲突和矛盾,这样仲裁所形成的结果双方当事人都乐于接受并愿意积极予以实行。第二,独立性。与现行的法律制度相比,仲裁不依靠其他的制度保障或经济支持就能予以实施,独立存在。这样的独立性保障了处理结论的客观、方便、公平。第三,自愿性与灵活性的结合。选择以仲裁的方式解决问题的纠纷主体自愿的合意形成的结果,以及后续如何组成合议庭,合议庭的人员选择,

---

① 李祖军、王嘎利:《论我国仲裁司法监督制度的完善》,《仲裁研究》2005年第3辑。

② 汪祖兴:《论法院对仲裁裁决的撤销与不予执行》,载陈光中、江伟主编:《诉讼法论丛(2)》,法律出版社1998年版,第538页。

③ 田平安:《民事诉讼法原理》,厦门大学出版社2013年版,第5页。

都充分遵照纠纷主体的意思自治,相比其他诉讼制度更具有弹性和活力。第四,高效性和经济性的结合。其他司法制度,尤其是法院审判,对于民事纠纷的处理往往需要较长的时间和大量的经济花费,当事人面对复杂的诉讼程序往往望而却步,更愿意选择仲裁的方式来解决问题。第五,保密性和专业性的结合。现在的信息的传播越来越发达,对于隐私信息和商业秘密的保护越发重要。纠纷往往涉及较多的商业秘密,仲裁对这些信息的保护相对来说更有益。参与仲裁活动的第三方具有专业知识和娴熟的解决技巧,对纠纷的高效解决和和平化解颇有裨益。第六,和平性。双方和平谈判磋商的纠纷解决方式缓解了当事人之间紧张的冲突,缓和彼此的关系,有助于当事人和平友好地解决矛盾冲突。从以上内容来看,仲裁和诉讼之间虽然存在着较多的不同,但二者均基于对双方合法权益的保护而形成,仲裁裁决和法院判决书虽然在形式上有较大差别,但二者在法律层面上的对正义关系的确认是相同的。因此,仲裁裁决也像法院判决书那样具有法律效力,对双方当事人都有约束力,有利于仲裁的威信和公信力的树立。

(2)农村土地纠纷协商(和解)

协商,即是指双方就触及自身利益的事情进行讨论,为解决存在的矛盾而进行的一项合理交谈。进行协商的目的就是为了解决存在的纠纷或者防止未来可能出现的就纠纷与缓和局面达成共识。从性质上来讲,相当于契约或对原有合同的合理变更,对当事人均具备契约上的约束力。谈判作为纠纷化解方式的历史由来已久,谈判结果一旦形成,对双方当事人都具有契约效力①。协商是争议主体之间进行磋商达成合意的过程,区别于其他纠纷化解方式最大的不同在于,在谈判过程中没有第三方干扰或者辅助。以先前实际来看,谈判最初不是作为一种独立的纠纷解决机制而出现的。但是,随着社会的进步,为更好应对现在繁芜丛杂的社会现实,第三方加入谈判过程,居中协调辅助纠纷主体的调节活动成为更多人的选择。操作层面上俨然成为了具有独立性质的纠纷解决方式。由于协商的独特性及其解决的合理性,协商开始被广泛地运用到各种矛盾解决中,成为一种为社会民众所接受的普遍的方式。在其他争议化解方式中,以人民法院的审判最为突出,纠纷主体在强大的第三方决策

---

① 范愉:《非诉讼程序(ADR)教程》,中国人民大学出版社2002年版,第144页。

者威严震慑下,自愿或不得不对自己的权利做出让步。总之,协商双方当事人自行解决纠纷的自愿交流活动,但没有超出国家法律法规限定的范围,协商基于双方当事人的意思自治,纠纷主体有权拒绝或者在任何时候终止谈判。协商的结果相较于其他司法结论没有法律约束力,协议的实行依赖于人们的诚实守信的道德品质,否则协议将无法落实。但是,协议达成结果是双方当事人自主磋商形成的合意,虽然没有法律约束力,但具有契约效力,可以依据合同法的规定来保障协议的履行、变更或失效。虽然协商作为一种独立的纠纷解决机制,具有方便灵活的优点,但协商也有不可忽视的缺点。一是协商基于双方当事人的自愿,利益冲突的当事人之间难以心平气和地进行磋商,一旦当事人之间出现思维不同方向,势必引发新的不必要的冲突,甚至出现剑拔弩张的局面,极易陷入僵局,最终还是不能化解矛盾。二是协商的公平性难以保证,双方当事人力量悬殊,极易是公平的天平倾斜。独立于纠纷之外的第三方的居中协调显得极为重要。而且协商结论的公平性难以被外界评估,为社会和谐发展,公平公正的良好氛围的营造极为不利。

我国《土地管理法》第 16 条①专门对发生土地所有权和使用权争议由当事人协商解决作了规定。自愿、平等的契约精神贯穿在整个协商的过程中。自行协商表明纠纷主体可以自由地决定纠纷如何解决;但这并不意味着协商能够逾越法律的特权,协商也必须在法律允许的范围内,在平等自愿的基础上达成合意,而不能违反国家相关的法规政策,更不能侵犯到其他合法权益。协商的结果可以到有关公证机关处公证,用法律的手段将协议确定下来,避免随意更改或撤销,影响公平公正原则的贯彻落实。这样,就最大限度地消除纠纷可能重新发生的隐患,避免了通过行政处理这一强制性方法来处理。协商具有方便、快捷的优势,可以节省大量的时间和精力以及财务负担,因此协商被人们广泛地应用到纠纷解决中。与其他方式相比,无疑是解决土地纠纷的最佳方式。

(3)农村土地纠纷调解

调解也是一种由来已久的非诉讼矛盾化解方式,随着时代的发展,调解也

---

① 《土地管理法》第 16 条规定:"土地所有权和使用权争议,由当事人协商解决,协商不成的,由人民政府处理。"

顺势而变、因地制宜地发挥着化解纠纷的作用。美国学者 Joseph B.Stulberg 认为,调解是中立的第三者介入到当事人之间纠纷过程,帮助他们对自己处境的了解和寻找让他们可以接受的解决方案①。学者范愉认为,调解过程中,调解员的角色只是适当地引导当事人朝着纠纷解决的方向共同努力,而不像其他司法工作人员那样对当事人有威严震慑和决策权利,并将结论强制执行的权利。纠纷主体在调解员的居中调和下,依然实行高度的意思自治,自行磋商谈判达成合意。可以这样理解,调解是谈判向前发展的结果,调解有第三方居中协助,解决了谈判容易陷入僵局的难以平衡公平性的局限性。调解的作用也是区别其他调解机制的重要方面,调解人只是协商过程的引导者而不是掌权者,即调解人不能将自己的意志强行施加给纠纷主体②。

调解具有以下特征:第一,双方当事人依然是决定最终调解结果的唯一决定性力量。调解与谈判都是基于双方当事人的意思自治,不具有诉讼、仲裁等那样的强制力。调解员在调解过程中仅担任说服劝解的角色,不能将调解人的意志施加于当事人。第二,调解员不是决策者,而只是在谈判中担任第三方无关人员辅助争议的解决,是独立于纠纷之外的独立存在。不管调解员本身的身份和社会地位,都不能干预谈判合意的形成。第三,调解不像其他诉讼纠纷解决机制,调解没有太多需要遵守的法律规范。纠纷主体自行决定调解的地点、方式和程序。虽然调解程序中不存在明文规定,但不意味着这种纠纷解决就是完全脱离规范的。纠纷主体形成最后合意的基础上双方当事人能就该纠纷达成共识,调解人就促成这样的共识从而解决纠纷提供辅助。现今大多数法治国家已经通过立法确立了调解这种解决纠纷的机制。调解以其方便高效的特点被大众广泛应用,但存在被有优势力量的一方当事人控制而难以保证公平的弊端。为了消除这些不利影响,世界各国不断调整和改进调解制度以适应社会发展的需要,出现了各种诉讼纠纷解决机制与调解相协调的新型调解程序。我国于 2010 年 1 月 1 日实施了《农村土地承包经营纠纷调解仲裁法》,该法律明确规定了土地纠纷解决的途径:双方当事人愿意自行解决的,可

---

① JosephB.Stulberg,Lela P.Love,*The Middle Voice*—Second edition.Carolina Academic Press 2013,p.5.

② 范愉:《非诉讼程序(ADR)教程》,中国人民大学出版社 2002 年版,第 150 页。

以依法自行协商解决。双方当事人如果无法达成一致也可以请求政府介入调解,对于调解结果不满意的可以依法向仲裁委员会申请仲裁或向法院提起申诉。《农村土地承包经营纠纷调解仲裁法》中明确了所谓"纠纷"的范围[①]。

(4)农村土地纠纷行政裁决

人民政府及其主管部门对土地纠纷依法进行行政处理。根据当事人向其提起的要求保护自己合法权益的请求,或者当事人之间因土地权属发生争议和冲突而向其提起的要求确定权属的请求,依法进行调查、调解和裁决的活动。行政裁决是应对土地纠纷所做出的特殊处理活动,立法赋予有关机构以行政权并设立相关法定程序,使其对存在纠纷主体之间、联系紧密行政处理行为、与契约没有联系的特殊民事、经济的突出矛盾进行裁决的具体行政行为[②]。在当前法治建设逐步完善的情况下,依法治国与依法执政成为民众对国家的要求,行政裁决同样要求其法定性,法律规定的即为行政权力的范围,《中华人民共和国土地管理法》中明确规定了这一事项。

《土地管理法》明确指出:县级以上人民政府有权解决机构之间的纠纷;乡级人民政府或者县级人民政府有权处理公民与机构之间的纷争,由此可以看出,对争议具有行政处理权的相关行政主体是各地区人民政府。而各地区人民政府,对于自己难以行使的权利,可以将行政处理权暂时赋予土地管理部门。土地管理部门接到委托后,立案受理后,进行有关调查取证工作,以客观真相为判断基础,以法律规定为处理依据,以受委托的人民政府的名义做出行政处理决定。行政处理比司法诉讼更为快捷,可以节省大量时间和经费,减轻双方当事人的负担,为当事人提供方便。行政处理过程中,行政机关也可以加强与人民群众的联系。法律规定的时间之内,纠纷主体没有向行政机关申请复议,或向人民法院提请诉讼,超出期限后,处理决定即对纠纷主体发生效力。纠纷主体若对该行政处理决定难以接受,可以向上一级行政机关申请行政复

---

① 范围:因订立、履行、变更、解除和终止农村土地承包合同发生的纠纷因农村土地承包经营权转包、出租、互换、转让、入股等流转发生的纠纷;因收回、调整承包地发生的纠纷;因确认农村土地承包经营权发生的纠纷;因侵害农村土地承包经营权发生的纠纷;法律、法规规定的其他农村土地承包经营纠纷。

② 刘旺洪主编:《行政法学》,南京师范大学出版社 2005 版,第 242 页。

议,以求纠纷的再次解决。《行政复议法》第 30 条①、第 37 条②、第 38③ 条也有类似的明确规定。当事人对行政处理结果不服的,可以在收到相关行政结果后十五天内向有关司法机关提请诉讼。复议机关超过时限而没有给出相关答复的,当事人可以在行政主体规定的时限之后十五日内向人民法院提起诉讼(但是将行政处理结果作为最终定案结论的不能诉讼)。这些规定,使行政复议制度更加明确、统一,效力范围更加普遍,扩展到了适合行政诉讼法规定的一切行政案件。

行政裁决作为行政部门执行法律规定的权力,具有不同于司法权的特点:第一,主体的特定性。行政裁决作为行政权的一种,具有其法定性,只有法律规定的行政主体才能依法行使行政裁决;第二,权力的法定性。法律授予行政机关依法处理相关裁决案件的权力,同时也规定了权力的范围,只有法律规定的事项才可以进行裁决;第三,行政裁决同样与司法裁决具有相似性,行政主体独立于纠纷当事人,居中协调解决纠纷,处理结论一旦形成,纠纷主体对其是否认可或接受都不能左右行政裁决的发生和实践;第四,行政裁决是一种

---

① 《行政复议法》第 30 条明确指出:个体、法人或者其他单位等认为行政主体的有关处理活动损害了其合法拥有的土地等自然资源正当权利,应当向有关机关提请行政复议;对复议活动的处理结果难以接受的,可以向人民法院提起行政诉讼。

② 《行政复议法》第 37 条明确指出:行政复议机关在对被申请人作出的具体行政行为进行审查时,认为其依据不合法,本机关有权处理的,应当在三十日内依法处理;无权处理的,应当在七日内按照法定程序转送有权处理的国家机关依法处理。处理期间,中止对具体行政行为的审查。

③ 《行政复议法》第 38 条明确指出:行政复议机关负责法制工作的机构应当对被申请人作出的具体行政行为进行审查,提出意见,经行政复议机关的负责人同意或者集体讨论通过后,按照下列规定作出行政复议决定:(一)具体行政行为认定事实清楚,证据确凿,适用依据正确,程序合法,内容适当的,决定维持;(二)被申请人不履行法定职责的,决定其在一定期限内履行;(三)具体行政行为有下列情形之一的,决定撤销、变更或者确认该具体行政行为违法;决定撤销或者确认该具体行政行为违法的,可以责令被申请人在一定期限内重新作出具体行政行为:1.主要事实不清、证据不足的;2.适用依据错误的;3.违反法定程序的;4.超越或者滥用职权的;5.具体行政行为明显不当的。(四)被申请人不按照本法第二十三条的规定提出书面答复、提交当初作出具体行政行为的证据、依据和其他有关材料的,视为该具体行政行为没有证据、依据,决定撤销该具体行政行为。行政复议机关责令被申请人重新作出具体行政行为的,被申请人不得以同一的事实和理由作出与原具体行政行为相同或者基本相同的具体行政行为。

具体行政行为,是对已经发生的民事争议依职权做出的法律结论,在性质和特征上变成一种特殊行政行为。行政裁决制度在维护社会和谐稳定,促进人民生活更加安宁,为其他司法机关分担繁重的诉讼负担,减轻诉讼压力等方面发挥的作用不言而喻。但是,行政机关是法律赋权的机关,其职权的正当性来源于法律规定,对于法律没有规定或没有列举的事项,超出职权范围,因此无权做出管理的或处理决定。另外,法律赋权时没有规定职权行使的相关规范和最终裁决如何实施,这无疑给现行行政处理制度带来极大困难。在实践中由于行政主体的行使行政权时缺乏相关的法律指导和规范而导致纠纷的解决方式和结果出现脱离实践的情况;行政裁决作为非决定性的最终裁决,也给后续的救济带来困难,行政裁决难以发挥应有的作用。

为了更好地实现纠纷解决的理想目标,一些新的纠纷解决方式层出不穷。齐树洁教授在《纠纷解决机制的基本原理》中还提出了法院附设仲裁、简易陪审团审理、早期中立评估、小型审判或咨询法庭、调解—仲裁、聘请法官等创新型的纠纷解决方式①。本书在此所探讨的农村土地纠纷多元化解决方式主要围绕以上五种基本的纠纷解决方式进行论述。

二、历史沿革对我国农村土地纠纷解决机制的启示

(一)土地纠纷解决机制的构建应以社会自治与国家干涉互相结合

"无讼"是古代统治者治国所期的最佳状态,但有人的地方便不可能无矛盾,且涵盖了百姓婚姻、钱权等各方面,国家系统再完善也无法顾及每个角落的矛盾,因而大量烦琐复杂的民间矛盾便无法通过官方力量得到化解。百姓生活中自行积累的习惯常在其矛盾解决之中有着不可或缺的作用。平民百姓生活总是暗含着极强的自治习惯,而事实也证明民间社会具备了极强自治功能且相对灵活。农村土地的广袤、统治阶级力量的匮乏及其行政体系不完善,加上运输及传播手段的发展迟滞,致使农村自治可以广泛发挥其作用,但同时,官府不可能放任百姓完全自治,为巩固统治阶级政权,导致农村具备非常

---

① 齐树洁:《纠纷解决与和谐社会》,厦门大学出版社2010年版,第25~27页。

广阔的自决区域。为了保证基层组织在国家意志的范围中有序发展,遂选取了相当于训导的口吻,来处置基层组织中的团体,包括正义以及信念、信仰。

里老解纷机制与独立的当事人自行调解方式相异,同时与独立的司法机关参与解决也有一定的差异,这种机制处在两种方式中间,在政府逼迫力和民众自行处理的统一结合中施展作用。最开始是利用《教民榜文》这部条例确切创建,让这个机制除了拥有固有的恰当性,还拥有政府所给予的正当性,帮村落中的群众调解争议矛盾以及确定宗旨。里老人是人们自己选取后由政府统一产生的,其以人们自己的意志与政府代表的官方意志为标准。这样的话,虽不同于政府任职的从政者,但在一定程度上得到了政府的允许。所以里老人与因血缘而选取的领导不同,并且统治者阶级常常会更好地对待前者,他们的待遇高于里老人。现实实施过程中,这个机制往往会和当事人自行调解机制产生一定的关联,而且它是群众去政府控告的前一步骤,所以会解决众多当事人之间的小矛盾,这高效地削弱了司法机关调解矛盾的重任。根据条例选里老人,使得群众根据政府所支持的规则与意愿调解矛盾。虽然里老人在之后的处置过程中不再占据重要地位,但仍可帮助官方解决此争议,因为都在村落产生效果,因此和家族调解矛盾或者相邻调解矛盾的关系层面,一方面可能发生调解矛盾对象的叠加的处境,另一方面是在某个争议中不完全是独立的机制产生效果,需要里老人的协助,也需要矛盾双方及内部人员的协助,即众多机制同一调解矛盾纷争。所以,这是明代贵族们通过使村落组织自行处理与政府的逼迫性相统一,及借助里老人的名望训导来调解冗多的矛盾争议的机制。

(二)农村土地纠纷调处应以妥协和自治为原则

妥协原则主要体现在农村土地纠纷调处的最高要求是通过促使当事人相互让步来平息争端,目的在于追求和睦,不要搞僵关系,破裂感情。因而,明清地缘社会组织在处置纠纷时,最关注的不是按照法律来判定是非,而是考虑当事人如何才能达成妥协化解纠纷。法学家黄宗智在《清代的法律、社会与文化:民法的表达与实践》①一文专门论述的民间调解制度正是体现这种妥协原则的理念。自行处理原则与公权力政府分项权利上的处理原则不同,它指的是地方组织对自身事务的自行解决,在解决矛盾中具体指地方组织可以依照本身的想法自行调解矛盾,极少受政府的打扰,更多地体现在纠纷人的合意与解纷人的自决②。

(三)解纷机制着重维护民间调解或裁决的权威及效力

明清时期的里老解纷机制具有较高的权威,并发挥重要的功用,某些人觉得矛盾只要里老人经手后,不管该结果正确与否,矛盾双方都不能再进行控诉,如果非要控诉,该处的从政者不能直接处置,也就是拥有最后判决的功用。它依照其中的第十一条和第十二条的规定③。如果我们认真研究这个条例会明白该条例约束了群众由里老人调解过的矛盾再向政府控制的权利。但这不是全部处境下的约束,在《教民榜文》中有一条阐明对于由里老人调解过的矛盾,所有与该案没有联系的人才不能胡搅蛮缠,这句话的另外一层意思是说与该案有联系的矛盾双方能够向政府控告。另一条例阐明,由里老人调解好的矛盾,如果矛盾双方对这个结果不满意,多次控诉,并胡编乱造,这样会受相应的贬责。也就是说这个规定约束的是胡编乱造的控告方,不是约束具备合理原因的控告人。所以,这个机制尽管没有最后的判决权,而且多数情形由里老人解决了矛盾,矛盾双方有合理原因的能够向政府控诉,但不准矛盾双方胡编乱造后控告,并且与案件没有联系的群众没有控诉的权利,这维护了该机制的

---

① 黄宗智:《清代的法律、社会与文化:民法的表达与实践》,上海书店出版社2007年版,第51页。"民间调节制度所关心的是在一个朝夕相处、紧密组织起来的社区维护族人和邻里之间和睦的关系。它的主要方法是妥协互让,一般也考虑到法律和社区的是非观念。当遇到不涉及法律或道德标准的纠纷时,如家庭和邻里为细故而争吵,调解人的主要目标就是通过妥协来平息争执。"

② 陈会林:《地缘社会解纷机制研究——以中国明清两代为中心》,中国政法大学出版社2009年版,第325页。

③ 第11条:若里老人等,已行剖断发落,其刁顽之徒,事不干己,生事诉告搜扰,有司官吏生事罗织,以图贿赂者,俱治以罪。第12条:民间词讼,已经老人、里甲处置停当,其顽民不服,辑转告官,捏词诬陷者,正身处以极刑,家迁化外。其官吏人等,不察所以,一概受理,因而贪赃作弊者,一体罪之。

权威与功用。

(四)制度的完善促进农村土地争议的解决

不断完善与发展与土地交易相对应的法律,必然是保障频繁的土地交易顺利进行以及解决随之产生的各种纠纷的重要依据。宋代修缮的许多条例规定了地权拥有者的某些权利,包括依照条例规定行使运用、买卖、盘踞、租赁等权利,而且这些法律还规定了禁止盗卖他人的土地、禁止土地重叠交易以及严格区分买卖与抵当等行为对土地所有者权利的侵害。连续发生的争议,肯定需要对应的关于地权买卖的条例规定的陆续完善和发展,这些不断完善与发展的土地交易法律使得宋代土地交易制度不断地完善。规范合理的契约加速了土地交易的流动与转卖,并且使土地交易的纠纷得到了合理有效的解决,这些规范的法律法规加大了对土地所有者合法权益的保障,使得他们有法可依,得到公平公正的待遇。

农村社会经济文化正处于转型期,但是在农村地区长期的历史文化传统的影响力依然不容小觑。在农村社会里,特殊的人文环境和多样化的价值评判标准共同作用于现存的多样化的争议化解机制的运作方式和效率。矛盾化解机制能否在农村地区有效施行取决于公民对于法治的思想理解与当地的历史文化背景,在现阶段经济转型时期,不同的矛盾形式成为司法、行政运作的关键。但是,受封建思想的影响,农民对于法治理念的理解程度远远比不上美化丑闻、掩盖不足的思想,尤其是人情盛行的农村,"感情用事"成为人们解决矛盾的主要方式。人们依靠当地习惯或其他乡规民约来构建和维护彼此间的良好关系。一旦发生冲突纠纷,国家制定的法律往往不是大多数村民的第一选择,乡规民俗在人们心中地位更高,万不得已的情况用法律手段解决问题才会被纳入考量。由于法律的普及率在现阶段还不高,农民对于法治的理念不深,自然无法依据法律行事,法律被其认为是难以接触的事物。国家法没有内化为人们的需求,自然无法替代民间法发挥解决纠纷的作用,因此司法资源在广大农村地区受到冷漠和忽视。

第四节　农村土地纠纷多元化解决机制存在的理论根源

要研究农村土地纠纷解决的根本方法,首先要研究的是农村土地纠纷多元化解决机制存在的理论根源,这对于解决纠纷来说不可或缺。许多学者已经对农村土地纠纷问题进行了理论性与经验性的研究。他们通常从源头开始研究,先关注土地纠纷的主体互相发生冲突的原因,从土地纠纷主体的利益角度研究;或是从土地所产生的权益角度去发现土地发生冲突的原因,结合现有制度的缺陷,学者们对于研究到的问题也会提出建设性的意见和建议,为从根本上解决土地纠纷提供思路,从社会学角度,研究化解纠纷的社会基础,逐步构建出体制性的化解方式,同时关注法律、法规和政策等的应用。本书认为,农村土地纠纷多元化解决机制存在的理论根源来自于法学理论、社会学理论、法律经济学理论。

一、农村土地纠纷多元化解决机制法学理论

(一)ADR(Alternative Dispute Resolution)机制

1.农村土地纠纷 ADR 机制与 ADR 机制的联系

农村土地纠纷 ADR 机制源自于 ADR 机制[1],在适用范围上,它所解决的纠纷范围主要针对农村土地纠纷;在特点上,它既具有 ADR 机制的普遍特点,也具有本身的一些特性。因而,农村土地纠纷 ADR 机制应指为了达到解决农村土地纠纷之目的,而选择的一切民事诉讼以外的非诉讼纠纷解决方式的总称[2]。

---

[1] 一个综合性的概念,源自于 20 世纪的美国,可以直译为"选择性纠纷解决方式"或"代替性纠纷解决方式",也可意译为"非诉讼纠纷解决方式"。它原来是指二十世纪逐步发展起来的各种诉讼外纠纷解决方式的总称,现在已引申为对世界各国普遍存在着的、民事诉讼制度以外的非诉讼纠纷解决方式或机制的称谓。

[2] 范愉:《代替性纠纷解决方式研究—兼论多元化纠纷解决机制》,《法哲学与法社会学论丛》1999 年第 2 辑。

59

2.农村土地纠纷 ADR 机制的特点

农村土地纠纷 ADR 的选择根据农村土地纠纷的特殊性以及固有特点,为了达到纠纷更好解决之目的,一般具有以下几方面特点:

(1)具有更强的灵活性

农村土地纠纷中争议问题往往和社会历史遗留问题相关联,矛盾争议大,适用法律缺乏,冲突问题复杂多样,ADR 的复杂开放的性质决定了当事人拥有很大的自主权,他们可以根据自己的动机、意志来选择符合自己需求的纠纷解决方式。例如,可自主选择调解员或仲裁员、处理纠纷的规则或实体规范等。农村土地纠纷 ADR 在实践中随着实际情况更新而变化。

(2)具备处理纠纷成本低的性质

人们做出选择的原因在于对未来所得的预期,特别在市场主导的今天,成本与可得利益是大多数人们做出选择的首要因素①。诉讼与 ADR 相比,程序更加严格,手续更加烦琐,甚至连解决纠纷成本也远大于 ADR。在农村土地纠纷中的主体往往是农民,他们往往是弱势群体,经济能力有限,难以耗费大量时间与金钱选择诉讼。

(3)主持者一般具有专业性和权威性

农村土地纠纷 ADR 中,主持的一般是农业土地领域的专家,还包括一些在农村当地具有一定威望的长者。这些长者在一定范围内所拥有的说服力、其本身处理纠纷的经验都不见得会低于法官,让他们处理土地纠纷可以强化当事人处理纠纷的信心,既能保证纠纷完美公正地解决,也能提高群众对结果的接受程度。

(4)ADR 的运作更有"人情味"

在我国众多的农村土地纠纷中,所涉及纠纷的当事人往往是具有血亲关系的家族成员或具有邻里关系的同村村民。因而,农村土地 ADR 的运行通常比法院裁判更"接地气",能使当事人在解决纠纷时心情较为放松,在同等情况下更大机会选择善意沟通的方式解决纠纷,不致破坏双方关系,在今后仍可合作,以此维护了当下以及长远的利益。

选择 ADR 的增多不仅仅是由于司法环境的变迁,更主要的还是其本身

---

① 丛青茹:《美国 ADR 方式刍议》,《法制日报》1977 年 11 月 2 日。

所具有的优点。范愉教授曾说,纠纷解决是个过程,当事人是否选择替代性纠纷解决的方式,会考虑许多诸如成本、友好关系以及利益等的因素,此外更多的是考虑该替代性纠纷解决机制本身的功能及效果,即其解决纠纷的性能、社会评价等能否同样取得较好效果①。

3. 农村土地纠纷 ADR 机制的分类

农村土地纠纷形式形态各异,不局限于一种或几种,因此农村土地纠纷 ADR 的表现形式也应具有多样性。笔者认为,根据合意和程序构造,可把农村土地纠纷 ADR 划分为:对解决方案之具体内容达成合意的调整型(调停、诉讼调解)和服从第三人审理、判断事先达成合意的裁断型(仲裁、裁定)。在实际操作中,美国的仲裁以对审辩论与裁定为主要内容,是典型的裁断型;而日本的仲裁偏向于调整型,比较注重听从当事人的陈述,对当事人进行说服工作,致力于和解解决纠纷②。

(二)程序性理论

1. 形式上的形成诉讼理论

在普通诉讼过程中,存在着由法官对未规定具体要件的事项进行裁量,如在共有物分割之诉、确定土地界之诉中,属于法院做出判决后才产生通用效力的情形,这些诉可统称为形成之诉③。关于形式上的形成之诉的界定,新堂幸司在讲学中也提出如上的见解。其中边界确定之诉理论与共有物分割之诉理论对农村土地纠纷解决机制的构建具有重要的理论意义。

(1)边界确定之诉

边界确定之诉是自罗马法以来就存在的诉讼形式。通说认为,边界确定之诉是一种与私益所有权无关的,确定公簿上的土地编号与土地编号边界线的诉讼。日本法学家高桥宏志认为,这种观点基于边界确定诉讼是确定公法上边界线的诉讼这样一个出发点。而且在这种诉讼中,无需当事人对特定边

---

① 范愉:《非诉讼纠纷解决机制研究》,中国人民大学出版社 2000 年版,第 127 页。
② [日]早川吉尚:《对日本 ADR 批判性考察——以美国法视角》,《立教法学第 54 号》2000 年版,第 185 页。
③ 陈桂明、李仕春:《形成之诉独立存在吗——对诉讼类型传统理念的质疑》,《法学家》2007 年第 4 辑。

界线的存在进行主张①。这体现在《最高裁判所民事判例集》的相关规定:"在当事人之间关于边界达成的合意也不能约束法院。即便是在边界线未获得证明的情形下,法院也不能做出驳回请求的判决,而必须依据裁量对边界做出规定。由此可见,法院对边界做出确定的判决具有对世的效力。对于"边界确定之诉与该土地的所有权有无关系"这个问题也引起以三月章为代表的日本学界的热议②。无论是罗马法还是德国法,对于边界线的确定之问题,都是作为"确定私益所有权之边界"来予以理解。之所以将边界确定之诉作为与所有权确认诉讼相区别的特别之诉来对待,是基于"难以确定土地边界线"这一情况考虑的结果。假如在边界确定诉讼中适用普通民事诉讼的证明责任来做出处理,那么会导致负有证明责任的原告往往陷入败诉的境地。甚至导致土地边界纠纷无法得到解决。在这种情况下,就需要对此类情形确定另外的诉讼类型,法院对此情形不能简单地判驳,在事实真相不明时也不可适用证明责任的分配原则,建议全由法院裁量认定边界即可③。

(2)共有物分割之诉

共有物分割之诉一直被理解为一种形式上的形成诉讼、实质上的非讼或依法院的裁量进行分割的诉讼。共有物分割之诉中,共有人全体就共有物之权利均没有异议,且对分割并无争执,仅对共有物的分割方法未达成协议,而向法院请求分割者,理论上应属于非讼事件④⑤。由此可见,共有物分割之诉虽然形式上为诉讼,实质上应属于非讼事件。共有人之争并非是对实体之共有权利,而是针对分割方法请求法院予以判决确定⑥。也就是说,当事人所争执之处并非法律关系,而是定分割方法之事实关系,该分割方法由法院自由裁量做出即可。

---

① [日]高桥宏志著:《民事诉讼法——制度与理论的深层分析》,林剑峰译,法律出版社2003年版,第61页。
② [日]三月章著:《日本民事诉讼法》,汪一凡译,台湾五南图书出版公司1997年版,第53页。
③ [日]新堂幸司编著:《特别讲义民事诉讼法》,有斐阁1988年版,第204、183页。
④ 杨建华原著,陈心弘增订,《问题研析民事诉讼法(三)》,2010年版,第1230页。
⑤ 陈计男:《论分割共有物之诉》,《法令月刊》第34卷12辑。
⑥ 张文郁:《论共有物分割诉讼》,《物权与民事法新思维》,台湾元照出版公司2014年版,第302~303页。

2.纠纷解决机制类型理论

解纷"类型轴"理论和"准审判"机制理论都是日本法学家棚濑孝雄最早提出的纠纷解决机制类型理论①。

(1)解纷"类型轴"理论

在解纷"类型轴"理论里,棚濑孝雄认为,纠纷解决的类型"由两条相互独立的基轴构成"第一条基轴(纵轴)表示纠纷时按纠纷当事人之间的"合意"解决,如审判与仲裁;它的两端是"合意性的解决"和"决定性的解决",合意性——决定性这一条基轴表示两极之间连续的数量关系。第二条基轴(横轴)按纠纷解决的内容是否事先为规范所规制而形成,它的两端是"规范性的解决"和"状况性解决",前者是说纠纷的解决有明确的规范可依,如审判;后者是指纠纷的解决是具有随意性或仅依靠当事人双方力量的博弈,基本上不受既定规范的约束,典型是"专制的君主、神化的领袖"对纠纷的解决,以及国际争端的解决②。上述两轴所代表的两种解决纠纷类型的区别是相对的、流动的。如图2所示,农村土地纠纷的解决机制就是"合意的解决"与"决定的解决","状况性的决定"与"规范性的决定"等多种解纷元素的集合体③。

(2)"准审判"机制理论

在"准审判"机制理论里,棚濑孝雄把纠纷解决机制分为审判、准审判、谈判三大类。这里排除了"合意的解决"中的"谈判"。准审判机制主要包括两种类型:一是制度化的准审判机制,这是指第三者的资格要件、纠纷解决程序、解决的效力等,在法律上具有明确的规定。具体表现为纠纷解决机制的解决方式中的仲裁机制和人民调解机制等。二是非制度化的准审判机制。"什么样的第三者在什么时候介入并没有明确的规定,而且在达成合意的过程中并没有公共的强制力为保障,只有依赖第三者和当事人之间的力量对比关系来保证得到执行虽然这两种类型有着一定的区别,但是在纠纷解决过程中,这两者

---

① [日]棚濑孝雄:《纠纷解决与审判制度》,王亚新译,中国政法大学出版社2004年版,第7~8页。

② 陈会林:《地缘社会解纷机制研究——以中国明清两代为中心》,中国政法大学出版社2009年版,第472页。

③ [日]棚濑孝雄:《纠纷解决与审判制度》,王亚新译,中国政法大学出版社2004年版,第7~8页。

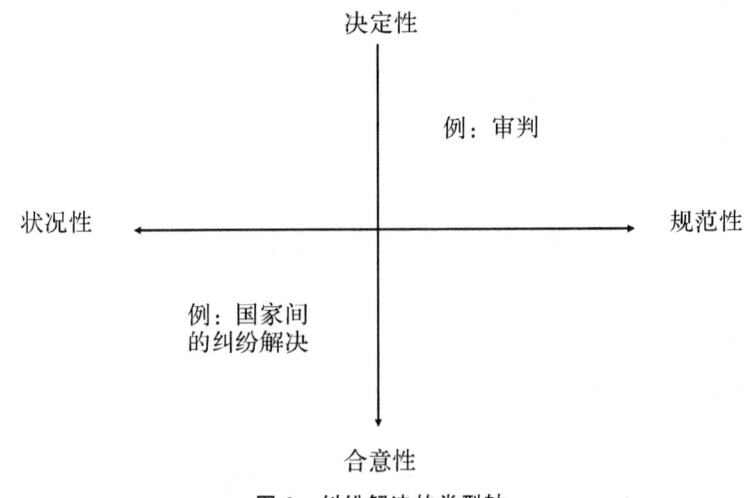

图 2　纠纷解决的类型轴

的区分却只表现在量或程度上的不同而已。

例如在非制度化纠纷解决过程中,可能会出现第三方对其中一方或双方施压要求其做出让步以达成妥协的情况。而这种运用在制度化的人民调解中也会见到。因而,这两种类型在纠纷解决过程中,都充当重要的角色,不应该把它们严格区分,而是要发挥它们各自的功能和优势。

此外,棚濑孝雄认为,与审判不同,但同样具有类似于准审判过程许多特点的另一种纠纷解决制度是行政机关的决定。虽然行政决定的作出并不是以已经发生的纠纷为目的;但是它的做出就会给作为决定对象的个人、集团或组织的利害关系带来不利影响。行政决定是行政机关对其他个人、集团间或组织间潜在的纠纷做出的决定。当个人、集团或组织不服行政处分而向上级机关申请复议时,这潜在的纠纷就浮现在表面,复议机关对"决定"的处理已经类似于审判的过程。因而,行政机关的决定过程,一方面可以使双方当事人在行政机关决定的过程中达成一种"协商"的效果,另一方面也是行政机关以一个无关第三人的身份去解决潜在纠纷的过程①。也就是说,行政决定实质上也是准审判机制中的一种,体现为合意因素与决定因素相互结合的产物。

---

① [日]棚濑孝雄:《纠纷解决与审判制度》,王亚新译,中国政法大学出版社 2004 年版,第 22～24 页。

3.权利救济自由理论

简单而论,权利救济就是权利人所享有的权益受到侵害,其有权依据法律规定寻求救济来保障自己的权利,但其前提是权利人的权利必须是合法权益,在权利人拥有合法权益的基础上,权利救济自然而然就存在着。如果失去权利救济,权利的存在似乎也就失去意义。在失去权利救济的情况下意味着在自己享有的权利受到侵害时,也无从救济,法律也就失去意义。权利救济的方式多种多样,不同国家在处理权利遭受侵害的问题时有不同的处理方式,但主要是以诉讼为主,辅之以调解、仲裁等非诉手段。我国是个农业大国,农民群众基数大,随着农业经济的转型和发展,农民主体的利益诉求也日益多元化,矛盾也日益增多,复杂程度也增加。农民权利容易受到侵害,更需要保护。从历史研究角度发现,农民间在处理纠纷时多会选择私力救济的方法解决,这样既能节约经济成本,也能维护良好的社会关系,通常通过亲朋的力量或者乡村有权威的人介入解决。通过诉讼的方式解决纠纷并不是农民首先会选择的方式,但其本身的公信力即权威性,农民并不会完全拒绝选择公力救济。农民的基数众多,是社会的主要组成部分,必须寻找有效的解决方式来解决农民纠纷以防止纠纷扩大导致威胁到社会的稳定。涉农纠纷多元化解机制包括诉讼解决机制和非诉讼解决机制,这给了农民在利益受到侵犯时更多的处理途径,他们可根据纠纷的类型选择最便利与最合适的方式来满足其利益的需求。因此,该机制可谓是一种权利救济机制,以此化解农民群众间产生的纠纷,在其权利受到侵犯时以此救济方式来保障农民权益。

4.效率与公平兼顾理论

简单地说,效率意指投入产出比,在投入固定的情形下,效率应当与产出呈现出正比的关系,那么就应尽可能地优化资源配置,以追求小投入大产出的效果。人们对公平的追求也是一直存在的,并且公平的社会效果与经济发展水平可谓是息息相关,人们在不同时期,对"公平"这个词的含义的理解也是存在很大差异的。如今,人们所认为的公平即平等,无差别的对待。效率与公平既是人们历来所追求的目标,又是密不可分的,效率与公平相辅相成,相互依存。效率和公平在当今社会,其中任何一个都不能缺失,否则都会造成社会秩序的混乱,因此我们必须要好好协调效率和公平之间的关系,在从事各行各业中兼顾公平与效率。该纠纷机制解决方式能够最大限度地兼顾两个价值,最大程度地激发纠纷解决的潜能,充分调动参与各方的积极性,尊重当事人意愿,根据其利益需求选择最适合自己的纠纷解决方式。这个机制既能够满足人们对于平等即公平的追求,又不会影响纠纷解决的效率,以此来保障农民群众的根本利益,维护公平正义。

二、农村土地纠纷多元化解决机制社会学理论

依据社会学的纠纷影响因素理论,纠纷解决过程中影响当事人的因素很多,同时必须要注意的是,当事人选择纠纷解决方式的动机并不是一成不变的,出于个人对不同事物在不同时期的价值需求,不同因素的影响力也不断在变化,也正是因为这些变化,最终影响着人们对纠纷解决方式的选择。

(一)法律文化心理

不同国家与地区传统思维观念对法律文化影响深远,而人们在面对纠纷的时候,对法律所持的态度会影响其最终选择纠纷解决的方式。范愉教授的研究中就曾分析美国、日本和中国群众的法律心理。美国曾经历过诉讼爆炸,在那个时期经历过后,实际上,在很大程度上就解除了诉讼对伦理的约束。日本民众对法律的反感同样一直影响着日本的诉讼,其低诉讼率正体现了该观点。而中国人对诉讼的反感,我们更是深有体会,从古至今较为保守的"厌讼"思维同样引导着农村社会里人们对纠纷解决方式的选择。

(二)双方关系距离

纠纷双方当事人的关系对于选择纠纷解决方式也是重要的影响因素之一,即双方的亲密程度影响着其选择①。假如纠纷当事人双方为兄弟、姐妹等同一个家庭的成员,或者为亲密的朋友关系,他们可能不会选择通过诉讼的方式。但是若是互不认识的陌生人或者是关系不好的仇人,他们就可能不会太考虑诉讼的行为对他们之后关系的维系影响如何。这样的现象体现了在纠纷发生后,当事人首先会对彼此的关系进行估量,这个因素对于其选择纠纷的解

---

① [美]唐·布莱克:《社会学视野中的司法》,郭星华等译,法律出版社2002年版,第23页。

决方式是不容忽视的。

(三)对手效应原理

除了法律文化心理和双方关系距离的影响,纠纷的解决方式还受到自己受对方的能力影响,该能力主要指其"对手"的社会地位、社会资源等,例如职业、财力、背景等①。唐·布莱克研究表明,如果纠纷双方所处的社会地位有差异或悬殊,较为弱势的一方通常不会主动选择诉讼,因为其对将来诉讼利益进行预估,对将来在陌生的领域里,对方优势将会被放大。这其中实际上涉及司法功能的发挥以及运作中的失范问题,因为司法本应为弱者提供更好的服务。当然在这种情况下,即使选择非诉讼方式,资源丰厚的一方仍将处于优势地位。如果双方实力均衡,则对纠纷解决方式的选择影响不大。这一模式可表示为图3②。

(1=最可能;2=影响不大;3=最不可能)

被告的社会地位

原告的社会地位	低	高
高	1	2
低	3	4

图3 社会地位结构与启动司法程序的相对关系

(四)面子及公众舆论

我国的农村环境通常是熟人社会,大家都知根知底,同样农村思想较为保

---

① [美]唐·布莱克:《社会学视野中的司法》,郭星华等译,法律出版社2002年版,第7页。
② 郭晓燕:《转型期农村多元化纠纷解决机制研究——以山东农村民事纠纷为视角》,烟台大学硕士论文2007年,第13页。

守,人们普遍对流言蜚语感到畏惧,且好面子,在大家对自己有好的评价时也会感到愉悦,因此人们在做出某种选择时通常都会考虑周围人对自己做法的评价,即所谓的舆论效果。人们在发生纠纷时也会将这点考虑进去来选择纠纷的解决方式。当然随着社会的发展,新的价值观念的冲击,公众舆论的力量正逐渐减弱乃至消失。

(五)第三者的权威及可信任度

此外,纠纷解决方式的选择还深受第三方所有的权威性的影响,其中,权威性与第三方的社会地位成正比,其地位越高,做出的行为出现权威性可能性则越大。第三方的权威性还受到与纠纷双方当事人关系的影响,如果其与其中一方关系与另一方的关系不等,则通常劣势当事人是不会同意选择该第三方进行解决纠纷的,因为他们认为其权威性不足,因此第三方所处的位置到两方当事人的距离应当相同。第三方的权威还受其他因素影响,纠纷当事人在发生纠纷选择解决方式时,会权衡该第三方的权威,其权威越高越容易被选择,人们在选择主体解决纠纷时当然也是倾向选择权威较高的第三方来解决纠纷,双方对第三者意见都认同,就比较容易接受第三者出具的解决方案,这更有利于真正解决纠纷,化解矛盾。

除上述因素外,还存在其他因素影响当事人对纠纷方式的选择。有一点要注意,上面所列举的因素,并非全面列举,也并非所有的选择都要一一考虑上述因素。以上所列因素只是进行研究后概括得来,具体在实践中纠纷解决的选择如何进行还要根据不同主体的利益驱使来选择,也就是说与当事人的意愿息息相关。

三、农村土地纠纷多元化解决机制法律经济学理论

法律经济学研究方法包括规范性和实证性的经济分析,其经济理论基础是成本与效益理论,对法律成本和收益进行分析。在考虑法律成本时,要考虑到立法、执法、外部和机会、私人和社会、边际成本等。而法律的收益就是其他项恒定,另外追加的法律投入的产出。法律收益与成本之比就是法律的效益。

伴随着农村土地利益价值的不断上升,农村土地纠纷数量也不断增大。目前,解决农村土地纠纷的方法有诉讼、仲裁、找有权威的人调解等,从法经济

第一章　农村土地纠纷多元化解决机制的概述

学来分析以上三种方式的运行成本以及收益,以确定最有效的农村土地纠纷解决方式。

法律经济学就是利用经济学原理来计算法律的"投入与产出",在考虑选择农村土地纠纷的解决方法时也同样依据纠纷解决成本最小化的原理来选择①,解决纠纷的成本包括纠纷解决机制运行的全部费用以农村土地纠纷的解决为例,包括立法成本、经济成本、时间成本、关系成本、隐性成本、社会成本等。

农村土地纠纷解决的两种方式相比,从立法成本上说,诉讼相关立法较完善,但立法成本高,调处相关法律规定简单,立法成本较低;从经济成本方面看,诉讼费用明显高于调处费,因为调处无须收取费用;从时间成本方面看,诉讼程序烦琐耗时长,调处方式简易时间短;从关系成本看,诉讼还需通过他人和程序解决纠纷花费关系成本高,而调处可使双方直接对话,人际关系成本低;从隐形成本角度说,诉讼具有报复性、对抗性和惩处性,调处体现的更多的是和谐性与妥协性;最后,从社会成本方面分析,诉讼最终导致法律行业的发展,调处可使调处体系权威提升。(见表1)

表1　农村土地纠纷解决方式的成本对比

	诉 讼	调 处
立法成本	完备、健全	简单、稀缺
经济成本	费用高	免费
时间成本	程序烦琐、耗时长	简便、快速、耗时短
关系成本	关系复杂	直接对话
隐性成本	报复性、对抗性、惩处性	选择性、和谐性、妥协性
社会成本	法律行业的繁荣和扩张	加强调处体系的权威

虽然构建农村土地纠纷解决机制是为了更好地解决纠纷,但是以最小投入和最低的成本更好地解决问题,不仅仅是经济学的首要追求,也是研究农村土地纠纷解决机制的终极追求。该机制构建的经济学理论同样体现在收益和

---

① 魏建,周林彬:《法经济学》,中国人民大学出版社2008年版,第253页。

成本的关系中,从字面上就可看出,成本就是当事人追求公平的投入,收益即为当事人最终追求公平的实现程度,用最少的成本获取最大收益无疑是各方当事人以及中间机构所追求的最好的状态。农民在选择解决土地纠纷的过程中,既要考虑自己最终想要获取的回报也要考虑为获取回报而所付出的成本,经济成本就是当事人会首先考虑的成本因素。一旦预期的经济成本超过自己可承担的范围,当事人就可能选择其他途径解决纠纷。农村土地纠纷解决机制的构建依照成本收益的经济学理论,能够给当事人提供一个比起参与诉讼来说更为方便的渠道,既能高效率地解决纠纷又在一定程度上投入较少,在便利了农民当事人的同时,这种多元化纠纷的解决方式也能够有效地缓解法院的司法压力和负担,节约司法资源,符合整体司法环境对经济理性的要求。

第二章

我国农村土地纠纷多元化解决机制的实证分析

通过以广东为例展开实证调查研究,主要围绕农村土地纠纷的现状和农村土地纠纷多元化机制的运行现状展开调查,通过问卷调查、访谈以及资料数据分析等方式,深入剖析农村土地纠纷解决机制在组织建设、制度衔接、运行程序、实施效果等方面的运行状况,找出了目前农村土地纠纷解决机制存在组织构建薄弱、制度衔接缺陷、机制运行程序不合理以及机制功能弱化等系列主要问题,为农村土地纠纷多元化解决机制的构建提供客观现实和考量依据。

第一节 调查的基本情况

一、调查的背景

本章通过实证调研,收集相关的资料,进行全面的分析,掌握我国农村土地纠纷的运行现状与存在问题,可以为构建农村土地纠纷多元化解决机制提供实践经验。

(一)广东省农村土地纠纷的整体现状

我国沿海地区在经济、文化、法律规章等方面较为发达,农村土地纠纷矛盾也比较突出。以广东省珠三角为例,近年来这个区域所发生的农村土地纠纷事件增长迅速,纠纷争议牵扯人数较多,纠纷关系复杂,相比我国其他省份,珠三角地区的农村土地纠纷所呈现出的类型也较为新颖,具有一定的研究价值。

数据表明,2013年至2016年6月,在广东地区的法院共受理关于承包农地合同纠纷类的一审案件共7630宗,审结7190宗。包括珠江三角洲地区的省市同一阶段受理关于承包农地合同纠纷一审类案件共3267宗,占全省总受理案件数的49.27%。其中,珠江三角洲地区的法院受理承包农村土地合同类纠纷的案件数量上占总比例较大。

这类案件都表现出几大共同点,类别新颖、主体多、法律关系复杂、难以处理等。

(二)农村土地纠纷面临新型农业主体带来的新变数

与此同时,在广东省又有经济相对落后的粤东粤西地区,近年来这些区域的农业发展比较快,在农村社会发展了比较多经济合作组织与家庭农场等新型农业主体,以致农村土地流转活跃,在农业发展过程中所诱发的农村土地纠纷也较为突出,但由于农村土地纠纷解决机制在当地没有得到有效的运行,导致纠纷堆积,影响了当地农村经济的发展与社会稳定。

综上所述,本书认为,选取广东省作为调查的样本展开实证调研,不但对广东省农村土地纠纷的解决具有现实意义,而且广东省的调查数据结果以及分析的问题将对全国也具有一定的代表性和普适性。

二、调查的思路

(一)调查的内容与方法

本次调研采用了文献调查、问卷调查以及访谈等方法。

1.文献调查方面,笔者通过在生活中收集的知识、网络信息查阅、书籍内容的借鉴等,对收集到的资料进行整合,再对相关内容进行必要研究;根据农村土地纠纷中所表现出来的状况进行分析,同时探究是何种因素对农村土地纠纷产生的影响。

2.问卷调查方面,出于对调研对象主体差异性的考虑,本调研问卷主要涉及三类人群：一是与纠纷有关的村民；二是处理纠纷的工作人员；三是与纠纷无关的村民。我们通过对各类人群的问卷调查，以及对问卷中的信息进行的分析，发现不同的人对问题的理解不一样。对于农村土地纠纷，村集体和其他直接关系到农村土地纠纷和争端解决主体的人，我们通过问卷调查来的方式来收集信息。特别是关于农民当前所了解的农村土地纠纷情况、土地纠纷解决方式的情况进行了具体研究。

本书的调查问卷主要涉及的内容有：何种因素导致纠纷的形成、何种方式解决纠纷、不同纠纷种类的对比、如何预防纠纷的发生等。笔者抽取其中有效的信息与已有的历史记录将进行对比，并将研究结果以图表的形式直观地呈现出来。

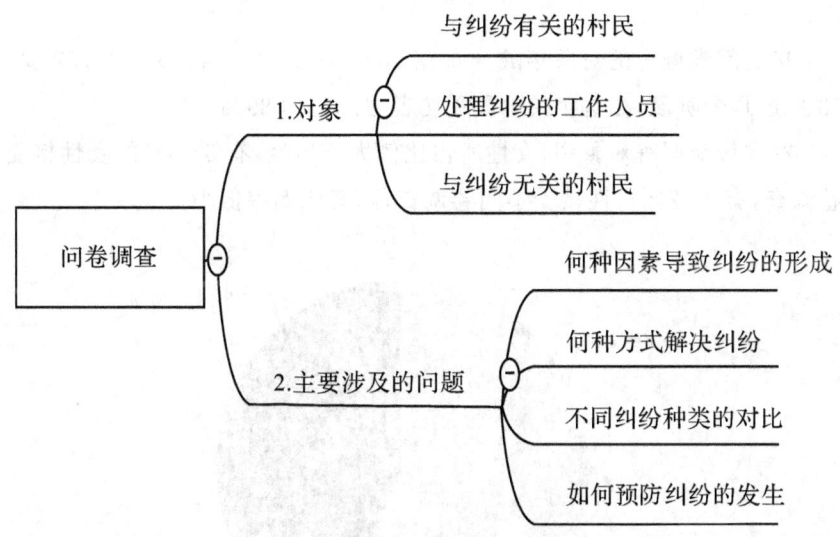

图5 问卷调查主要涉及的内容

3.访谈方面，其中主要是对行政类部门主体的采访，通过面对面交流或网上资源等方式了解的信息是较重要的参考资料。

（二）调查的数据分析

本书以发展现状作为调查对象，调查地点为经济发展适中的阳江地区农村,经济发展相对较慢的韶关农村地区。此次问卷调查不仅包括纠纷当事人,也包括解决纠纷案件的工作人员。最终发放调查问卷315份,收回问卷315份,有效问卷295份。

表2　问卷调查样本分布情况

	A市	B市	C市	D市	总份数
问卷数(份)	80	90	73	72	315
比例(%)	25.3	28.5	23.17	22.85	100
收回有效问卷(份)	70	86	71	68	295

后期运用SPSSI1.5专业数据统计软件处理收集到的资料,得到如下结果:

1.接受问卷调查的对象年龄分布在20—30岁、31—41岁、42—52岁、53—63岁这几个阶段,在这年龄阶段受访者占总比的89%。

2.本次接受调查对象中,女性所占比例大于男性,有56.8%的女性接受了问卷调查,有43.2%男性接受了问卷调查,两者比例差值小。

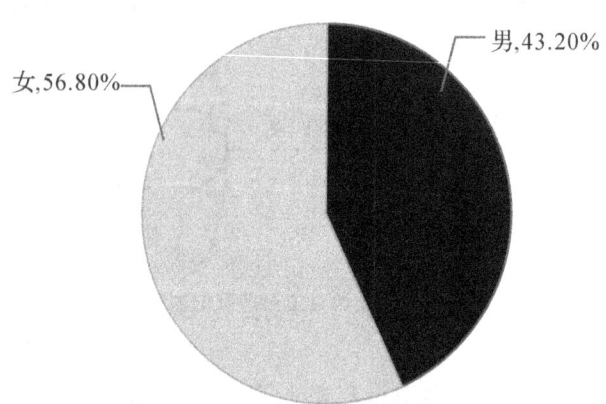

图7　被调查者的性别比例

3.参与问卷调查的受访者的文化教育程度分别是:初中及初中以下阶段的人占总数比的60.8%,中专或高中阶段的人占总数比的20.1%,大专及本科以上的占总数比的19.1%。

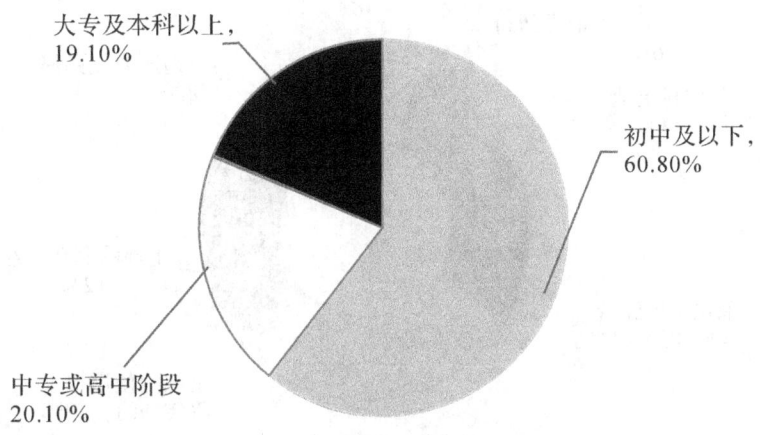

图 8 被调查者的文化程度

第二节 农村土地纠纷多元化解决机制的典型样本剖析

调查广东农村地区土地纠纷解决机制的首要步骤是深入调查这一地区农村土地纠纷的基本情况,包括深入调查纠纷的基本特点、纠纷的新旧类型对比、纠纷的变化趋势以及纠纷发生的主要因素。

一、农村土地纠纷的现状

(一)农村土地纠纷的分布情况

在问卷调查所提出的问题关于"过去在您生活周围发生的纠纷类别多集中在哪些方面"。从数据分析来看,土地所有权归属纠纷占比例达25%,土地的利益纠纷占比例达12%,土地的使用权流转纠纷占的比例达29%,承包土地经营合同纠纷占比例达15%,征收农村土地纠纷占比例达13%,其余土地类纠纷比例达6%。

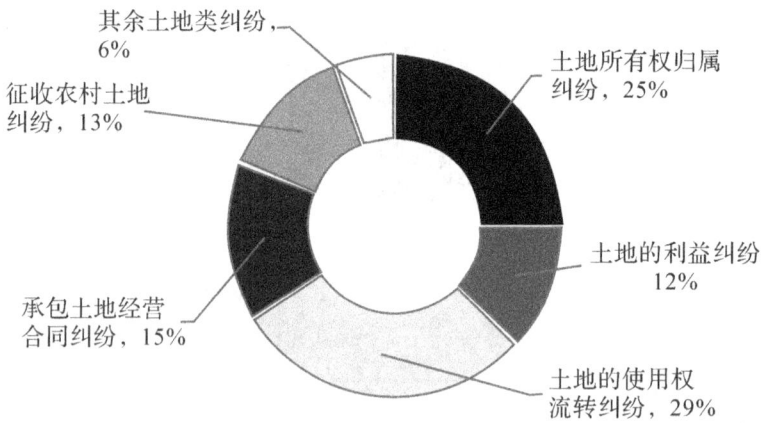

图 9 农村土地纠纷类型分布情况

从以上数据可见,土地流转纠纷和土地所有权归属纠纷占广东的农村土地纠纷总比例较高。另外土地权益分配纠纷、承包土地经营合同纠纷以及土地征收纠纷所占比例相对接近。因为所涉及的土地利益较大的是土地所有权归属和土地流转纠纷。由此可见,广东农村土地纠纷更为尖锐化和复杂化。

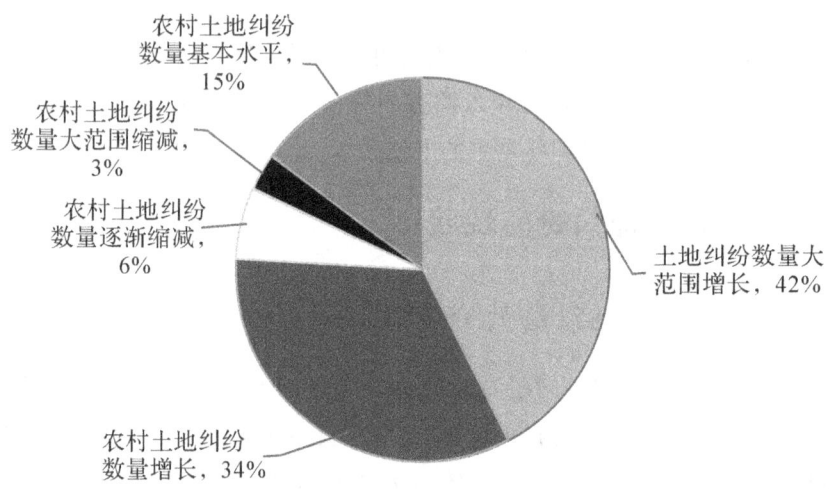

图 10 纠纷数量比例分布图

根据实际情况调查显示,当受访者面对"农村土地纠纷近年来在数量上的变化?"这类问题时,觉得农村土地纠纷数量大范围增长的人占总比42%,觉得农村土地纠纷数量增长的人占总比34%,觉得农村土地纠纷数量大范围缩减的人占总比3%,觉得农村土地纠纷数量逐渐缩减的人占总比6%,觉得农村土地纠纷数量基本持平的人则占总比15%。

从调查显示中可看出农村地区土地纠纷的数量逐日上涨,也影响着我国农村的生产、生活等方面。这说明我们要营造良好的农村环境最直接的方法是去解决这些纠纷矛盾。

(二)农村土地纠纷的地域性特点

本书在调研中发现,发生在广东的农村土地纠纷除了具有一般的农村土地纠纷的特点之外,还具有本土化的基本特点。广东的农村土地矛盾纠纷不仅在数量上不断扩大、农村土地纠纷主体利益关系复杂化以及纠纷表现形式多样化等成为其表现特点。

1.农业城市纠纷发生率较高

农村土地纠纷数量增加的原因,体现在土地流转中所产生的一系列问题增加及范围扩张。调查中的有关数据显示,自2008年以来广东地区有关土地纠纷类型案件受理数量也逐年增长。2013年至2016年6月份,在广东地区的法院共受理关于农村土地纠纷类的一审案件共7630余宗,审结的案件7190余宗。这类纠纷体现在农民工返乡要地、权利人变更土地流转面积、土地承包经营合同争议等。

笔者在调查中发现,农业为主的地区比非农业为主地区的农村土地纠纷发生率要高。如图所示,被调查的C市和D市纠纷发生率较高,它们在广东省都是农业经济城市,家庭以农业为主要经济收入;而被调查的广州市与佛山市的农村土地纠纷发生率相对较低。这个调查数据也显示了农业城市的农村土地纠纷较多,因而这些地区纠纷解决组织的解纷压力也相对比较大。

表 2 农村土地纠纷发生率

	A 市	B 市	C 市	D 市	总数
经常	30	25	12	56	123
偶尔	46	34	52	16	148
没有	7	13	4	1	23
不清楚	5	4	1	1	13
纠纷发生率	0.863	0.77	0.92	0.97	0.88

2.农村土地纠纷主体的关系更加复杂

构成农村土地纠纷最根本的因素是相关的纠纷主体,随着农村土地纠纷的不断变化,纠纷主体关系也表现为多样化和复杂化。通过统计广东省内所发生的农村土地纠纷案件得出,纠纷主体分布情况为:农民占比23%,村委会占比18%,基层政府占比22%,乡镇企业占比13%,合作经济组织占比15%,家庭成员占比7%,其他纠纷主体占比2%。

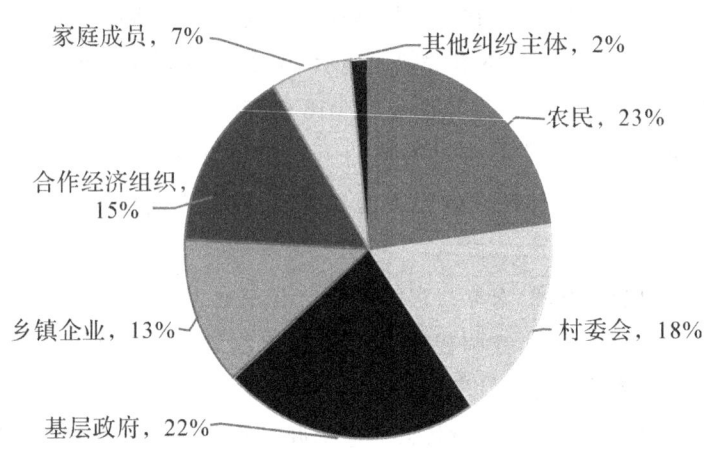

图 12 农村土地纠纷的相关主体

根据数据结果表明发生纠纷的主体其实比较广泛的,在生活中两个看似没有联系的主体之间发生纠纷的概率十分大。从图表可以说明农村土地纠纷的主体关系更加复杂,具有两大明显的特征,一是主体之间的不同,二是纠纷关系的繁杂。产生矛盾纠纷的主体不再是简单的某一个体与个体之间,不同阶层的主体也会产生矛盾纠纷,它的覆盖范围也越来越大,小到个人、大到某一经济组织或行政部门等。经常有单个个体间、单个主体与团体之间、单个主体与集体组织之间、单个主体与行政部门之间、团体与团体之间、团体与行政部门之间、行政部门上下级关系之间等容易产生纠纷,产生矛盾纠纷关系的主体当事人不再局限于单个的个体,纠纷主体的关系越来越复杂多样化,以致解决纠纷的过程也越来越有难度。

3.农村土地纠纷形态呈现多样化

根据调查研究,农村地区关于土地承包经营权的流转涉及农村建设用地和宅基地的流转呈现出多样化。通过两个方面表现农村土地承包经营权流转纠纷问题的多样化。

一方面在流转纠纷主体之间,有个体村民之间的纠纷也有个体村民集体组织和政府之间的纠纷。农民之间的纠纷主要是在土地流转过程中并未签订合同,口头协议流转费用及期限不能有效约定,产生一系列的纠纷。个体村民与村集体、基层政府之间所产生的纠纷在于村组为谋自身利益,非法侵占"机动地",私自分割"责任田"和"口粮田",隐瞒村民将这些土地对外流转,由大户统一承包搞"反租倒包",村民土地流转基本上是不愿被基层组织所强迫的,这些组织以基层政府下的行政指令为缘由。

另一方面土地流转纠纷的内容既违背农民意愿同时也改变了流转土地的用途,影响了土地的利用率。例如土地流转期满时,由于流入方在承包土地期间对其进行建房、建厂、取土、挖沙等导致原承包方收回土地时无法耕作。有的集体组织利用土地流转收益分配来抵扣税费、欠款、农业生产性费用等产生的纠纷,也有不仅损害人民利益还以土地统一流转来赚取差价,进行非农建设,搞"以租代征"。

如今,农村建设最普遍的问题是田地流转与宅基地流转,且纠纷最多的农村房屋买卖涉及的宅基地流转和非农建设用地流转的程序不完全等同。农村土地本是稀缺资源在流转中更容易在农民群体之间产生纠纷,农村土地流转随时代的发展,农民群众体会到土地成为农村最有使用价值的产物。群众面对土地流转纠纷这类问题时会尽全力地维护自身的权益。同时,农民对土地流转信息和土地增值额的了解不全面,使得廉价处理自己流转土地的利益。

这种信息不对等的情况让农民对土地流转产生抗拒心理,他们认为土地流转毫无利益只是利用各种方式攫取农民的土地,由此升级至更深沉的矛盾。土地是农民唯一的经济来源,农业生产中的特殊性使农民在农村土地流转纠纷中无法保证自身的利益,所以对土地流转这一问题上,时常有一些农民会加入地方权力等来保障自身权益。

4.农村土地纠纷新类型涌现

在调查中发现,近年来,广东的农村社会除了出现传统类型的农村土地纠纷之外,在新农村和城镇化的快速发展的背景下出现以下一些农村土地纠纷的新类型,其纠纷矛盾异常突出。

(1)因城市化社区"城中村"改造所引发的纠纷

由于城市化建设快速发展,农村集体土地和宅基地等纷纷流入市场的情况日趋明显,尤其在城镇化建设进程中,城市化社区"城中村"改造而导致的集体用地利益纠纷更是逐年递增。且诉讼主体和法律关系呈现复杂化趋势。

在司法实践中,集体用地利益纠纷主要类型为集体建设用地建设权在出让(包括以集体建设用地使用作价入股或出资、采用与他人合作、联营等形式共同兴办企业)、出租、转让、转租和抵押过程中所发生的纠纷。

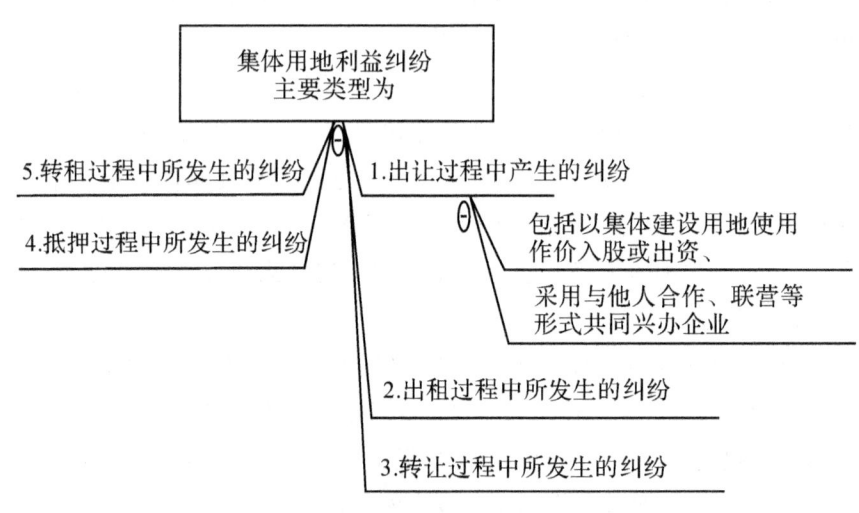

图13 集体用地利益纠纷的主要类型

这些集体用地使用权纠纷在案由上主要表现为物权保护纠纷中的建设用地使用权纠纷、宅基地使用权纠纷，合同纠纷中的建设用地使用权出让、转让纠纷、土地租赁合同纠纷，以及确认合同效力纠纷等。

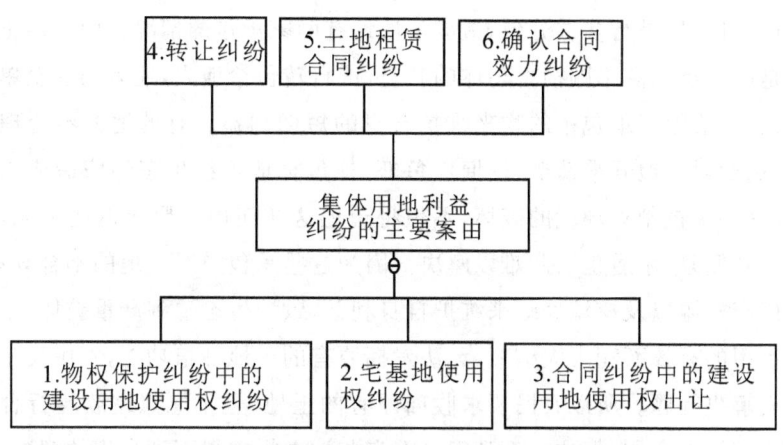

图14　集体用地利益纠纷的主要案由

（2）因土地"开发热"引发的纠纷

在过去的土地开发利用风潮中，有些地区为了招商引资，急于对外来企业进行土地转让、租赁。导致土地转让面积过大，承包期限长。这让农民没有参与感，对土地价格低感到吃亏，这是引发土地纠纷的导火索。

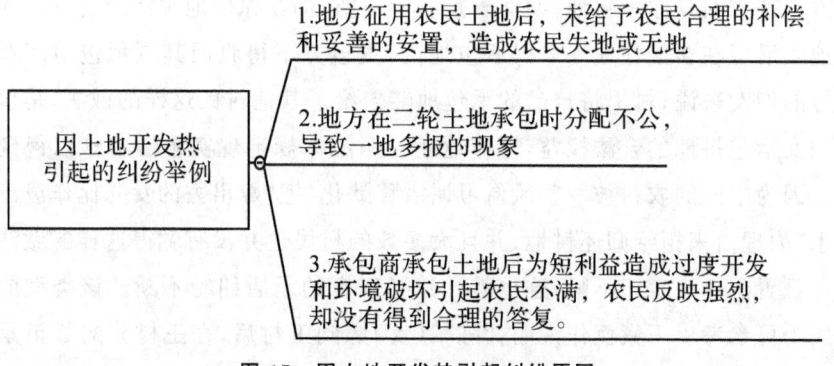

图15　因土地开发热引起纠纷原因

例如地方征用农民土地后,未给予农民合理的补偿和妥善安置,造成农民失地或无地。这类纠纷较多发生在"城中村"和"城边村"。此外,很多土地纠纷是产生于二轮土地承包存在遗留问题,一些地方二轮土地承包时分配不公,特别是随着土地的不断增值,有的地方擅自转包、重复发包或单方毁约改变土地用途,对土地进行多次分包,造成一块地有两家承包的情况。而一些土地纠纷也是由于承包商不顾损害集体的利益,擅自转包给他人,还有的甚至单方面地毁约,违法毁损承包标的物来维护自身的短期利益。有的地方不合理利用土地,例如对土地开采钛矿、挖塘养鱼虾、外包林地等给生态环境造成压力污染,农民坚决抵制对环境的破坏,不想将土地这样使用并要求返还土地,然而却得不到回复,矛盾也因此难以解决。因为这些承包户对土地的不合理利用,开采矿产资源以及挖塘养虾来维护自身利益,致使生态遭到严重破坏,土地原来可利用的有效面积大大缩减,无法发挥原有的土地种植功能,农民反映强烈却没人解决问题。所以农民要求收回原有的土地,且不愿意继续履行合同要求中止签订的合同,但这一系列问题在有些地方根本得不到合理的解决,也无人给出明确的答复。

(3)因外嫁女土地权益引发的纠纷

许多农村妇女出嫁前承包,在出嫁其他村后未交出的耕地被村里转包给其他村民。若在夫家没有新的承包地,欲维持生计,便想从原村村民手中收回自己出嫁前承包且在有效期内的耕地。根据《中华人民共和国农村土地承包法》第 30 条规定:"土地承包期内,妇女结婚,在新居住地未取得承包地的,发包方不得收回其原承包地;妇女离婚或者丧偶,仍在原住地生活或者不在原居住地生活但在新居住地未取得承包地的,发包方不得收回其原承包地。"对于出嫁的妇女来说,村里将自己的承包地转包给了其他村民这样的做法,是侵犯了妇女承包耕地的合法权益,理应返还。但法律规定现实生活中难以得到落实。因为中国的农村被一些风俗习惯潜移默化,把"嫁出去的女儿比作泼出去的水"为理由来拒绝归还耕地,并且大多数的村民也并没有觉得这样的做法不合理且置法律规定于不顾,这也就导致了双方的矛盾纠纷不断。该类型的矛盾纠纷可参考以下案例作说明:"陈某(女)嫁到王村后,在王村分的 2 亩承包地,并与王村村委会签订了土地承包合同。但陈某与丈夫感情破裂,随后与丈夫办理了离婚手续并搬回娘家居住。陈某与丈夫离婚搬回娘家居住,成为了王村村委会口头通知陈某收回其所承包的2亩土地的理由,并告知这是村里的规定。陈某与同村多次进行协商,让其证明在娘家村陈某并未取得新的承包地,认为王村的土地可以由她继续承包,但这都被王村村委会拒绝了。为了维护自身利益,收回承包地,陈某将王村村委会告上了仲裁委。"陈某在与其丈夫离婚并回到娘家村居住期间,并没有重新获得新居住地娘家村的承包地,因此原告陈某应继续承包王村村委会所分包的承包地。根据法律法规,被告王村村委会不能以原告陈某离婚并回娘家居住这件事擅自收回其2亩承包地的理由,且国家的法律法规不是王村的乡规民约能轻易对抗的。

(三)农村土地纠纷产生的主要原因

为了对广东农村土地纠纷有深入的了解,本书专门对农村土地纠纷产生的原因展开调查研究。通过与各类纠纷主体访谈以及对过往农村土地纠纷案例的检索统计,发现农村土地纠纷的产生主要由以下六方面的因素构成:习俗与法律不相容、社会结构变化、土地管理服务缺失、法律意识缺失、法律政策不足、土地利益增值。在实际中,绝大部分纠纷往往不是由某一种因素单独导致,而是多种因素综合导致的结果。以下给出独立分析某一种因素时,其在纠纷中出现所占的比例,并最终与其他因素进行对比。

调查数据显示:土地利益增值引发的农村土地纠纷占比最大,为68.8%;其次是由于习俗与法律不相容而引发的农村土地纠纷,占比为67.5%;由于法律意识缺失而引发的农村土地纠纷占比56.2%。59.6%的农村土地纠纷则是由于土地管理服务缺失而引发;此外,还有45.7%的农村土地纠纷是社会结构的变化导致产生。

二、农村土地纠纷多元化解决机制的运行现状

为了对农村土地纠纷解决机制的运行现状有更全面与客观的了解。本书在实际调研中,围绕广东农村土地纠纷解决机制的组织构建、解决方式、实施效果等方面展开深入的调查。

(一)农村土地纠纷多元化解决机制的组织构建

根据国家相关法律法规及政策决定,国家部门、司法机关、土地仲裁机构、

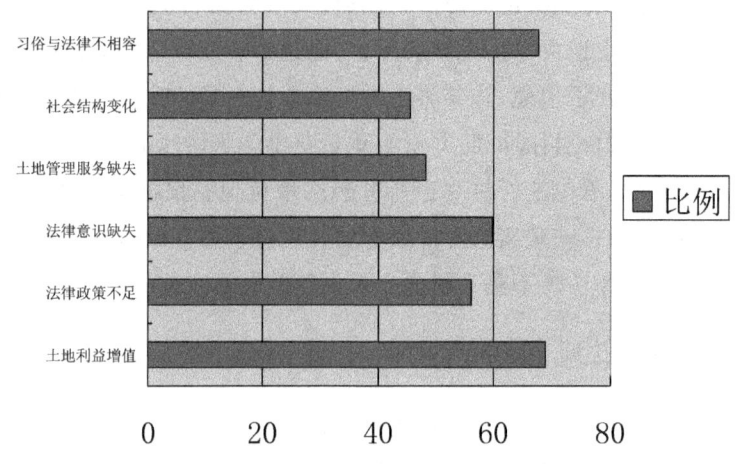

图 16 农村土地纠纷产生的主要原因

调解组织以及相关社会组织等是解决农村土地纠纷的重要主体。

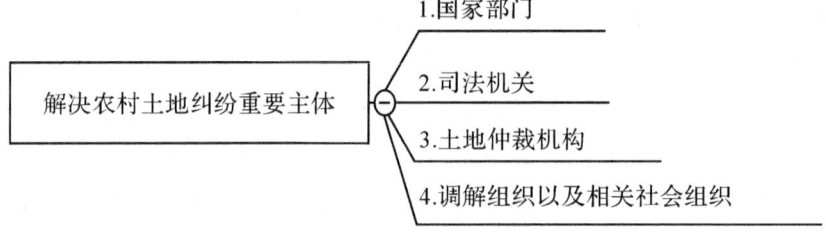

图 17 解决农村土地纠纷的重要主体

不同的主体在纠纷解决中发挥不同的作用:国家层面的解决纠纷主体和社会层面的解决纠纷主体是根据其纠纷解决的权力来源、职能及责任要求的不同来决定的。国家法律法规明确规定有纠纷调处职能的国家或司法机关是国家层面的纠纷解决主体,社会组织则是需要具有乡村权威或社会权威并自主或受邀请才能参加到解决纠纷当中来的。不同的因素影响着农村土地纠纷解决的实践,国家层面解决纠纷的主体起到的实质作用还需要不断加强。在实践中大多是解决纠纷能力不足。譬如,在农村土地流转纠纷中,对农村土流转行为的本质、土地流转中合同效力的确认以及解决纠纷法律适用等问题进行解答是农村土地流转纠纷首先需要解决的。

由于大多数的人对纠纷解决缺乏相关的法律知识和土地流转方面的专业知识，所以让其做出正确的判断也较有难度。农村土地流转纠纷的解决是需要法律规章及社会环境的全方位支持的，不能因为有关当事人调解后反悔，利用不正当的途径扰乱社会秩序导致更加严重的社会问题的形成，这种现象都是由于各解纷主体职能不健全所产生的。全面落实《最高人民法院关于建立健全诉讼与非诉讼相衔接的矛盾纠纷解决机制的若干意见》的精神，促进农村土地流转纠纷解决的最需要发挥各种中间力量，需要解决纠纷的主体完善专业技能和回应各体系协调发展。

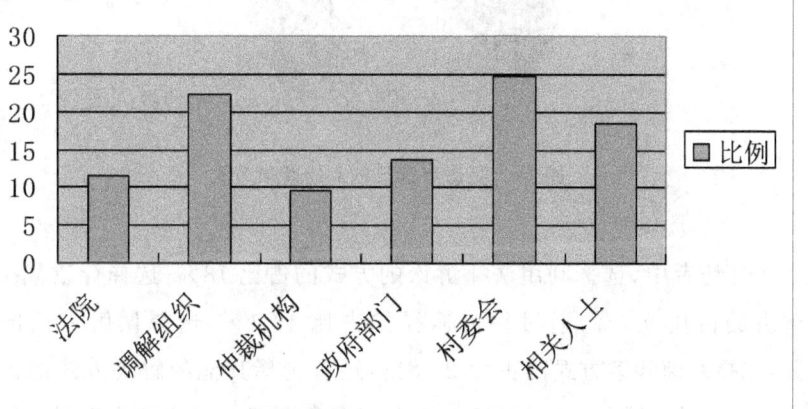

图18　起决定性作用的不同纠纷解决主体所占比例

对调查对象在"您认为哪些解纷主体对农村土地纠纷解决中起到了决定性的作用"的结果进行分析，可以看出国家层面的纠纷解决主体对纠纷解决起到的决定性作用在农民心目中的印象不好，这体现出有关纠纷解决机构表现不足的方面在于组织和职能的建设等。

(二)农村土地纠纷多元化解决机制的解决方式

1.解决农村土地纠纷方式的各种类型

据调查,当农村土地纠纷产生时,纠纷的当事人通常利用多种途径来维护自己的权益。

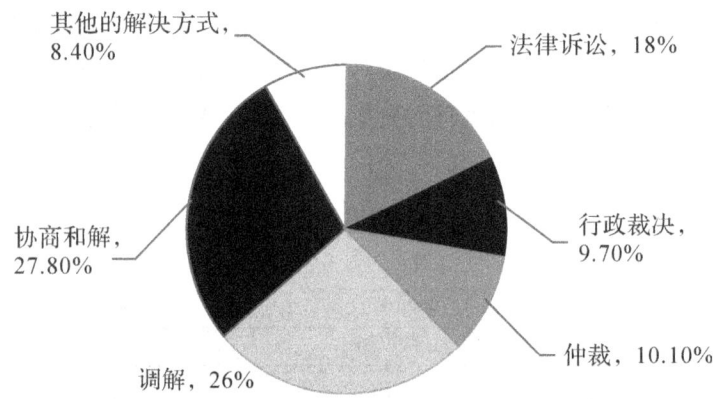

图19 受访者选择的纠纷解决方式

在受访者中,选择利用法律诉讼的方式的占比18%,选择行政裁决的方式解决的占比9.7%,通过仲裁途径的占比10.1%,选择调解方式的占比26%,选择协商和解方式的占比27.8%,还有选择其他的解决方式的占比8.4%。从以上数据可以看出当事人选择和解和调解的方式解决农村土地纠纷较多。

2.影响农村土地纠纷解决的因素

实际上,参与调查的人中大多都会优先考虑自身需求。受访者在选择解纷方式时会优先考虑金钱花费、时间消耗、便捷高效等因素,但最主要还是考虑如何降低花费。

据调查,花费金钱少占比27.3%,时间消耗少占比18.2%,公平公正占比17.1%,因为习惯占比5.6%,解决纠纷效果满意占比28.6%,出于其余考虑占比3.2%。从数据中看出金钱花费少、耗时低、效率高等成为人们选择纠纷解决方式的主要因素。

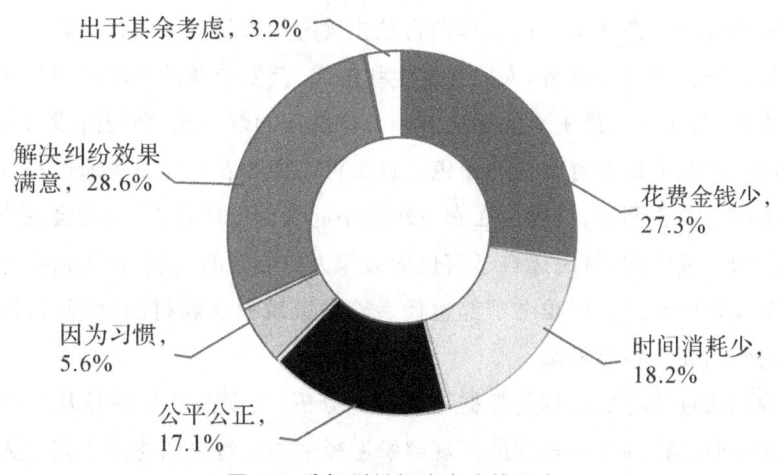

图20 选择纠纷解决方式的理由

3.受访者发生纠纷时首要选择的解纷途径

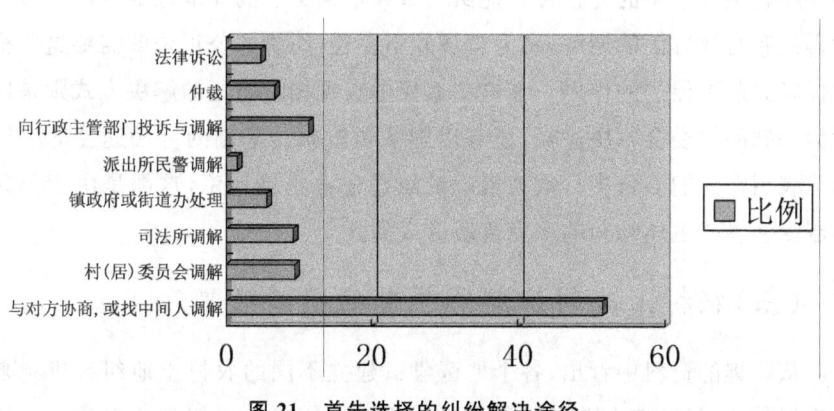

图21 首先选择的纠纷解决途径

纠纷发生后的数据结果表明,即使有多种途径解决的前提下,和解或寻找第三方人处理纠纷是人们的首选途径,选择和解和中间人调解的占比达50%以上,受访者认为当事人直接协商或中间人调解这种途径花费少效果好,且对双方当事人影响较小;而4.8%的人选择了法律诉讼这一途径;申请村民委员会调解作为解纷的人占9.5%,申请镇政府或街道办事处处理这一途径的人占比1.9%,由此看出人们对基层调解的途径信任度高且占比20.6%,选择请求派出所调解的人占比1.6%;选择向行政主管部门解纷的人占比5.6%。

从调查报告进行分析,人们在发生纠纷后,首要选择的是非法律诉讼途径的解决方式,而其中最主要的解决方法是协商与调解方式,在现阶段农村土地纠纷解决机制中扮演着重要的角色。这也可以说明农村重要解纷的途径仍是最传统的村委会调解,村委会在农村纠纷中起到的作用较大,村委会在农村具有较大的权威作用,村民选自己信任的人作为村委会的代表,认为这些干部可以公正地调解纠纷。村委会干部也代表着国家政权在农村的管理,村民认为干部的作用高于各层权威。

我们从首选与次选相关数据结果对比分析,大众人群慢慢地从选择私力救济途径向选择制度性较强的正规解纷途径来作为解决纠纷的方式。人们对自治性强,以合意为基础的解决途径选择步入了以决定为基础并强制性解决方式的途径,这种方式选择上的跨越,制度化的解决纠纷方式的选择使人们花费更多的时间和金钱,但只有这样的制度化解决纠纷的方式才会让人们感受到纠纷解决的结果的公正性。能给当事人带来更多的规范性的程序保障是法律诉讼和行政方面的调解,私力救济并不完善,纠纷的公正调解需要这些程序来保障并起到促进的作用。在这些途径中表现相对弱化的解决方式则是以合意为基础的村委会解决途径,还有以国家司法权为基础的诉讼途径等。这些结果表明在人们心目中行政力依赖的思想还占主导地位,这都是由于公共参与制度和参与主体结构的不完善所形成的。

(三)农村土地纠纷解决机制的实施效果

从收集的资料中看出,各个地区尝试建立不同的农村土地纠纷机制来解决农村土地纠纷,存在着各种各样的纠纷解决方式。人们身处农村土地纠纷时,可以在这些不同的纠纷解决方式中选择合适自己的解决方式。

调查的数据分析反映,非诉的纠纷解决方式所产生的结果大多数被调查者认可。其中,被调查者认为和解是最好的解纷方式的占比60.2%,认为第三方参与的调解满意的人占比58.1%,认为仲裁以及诉讼是解纷效果最差的人占比分别是7.9%和9.2%。

从整体上来看,以非诉讼的方式解决农村土地纠纷占据主导地位。分别

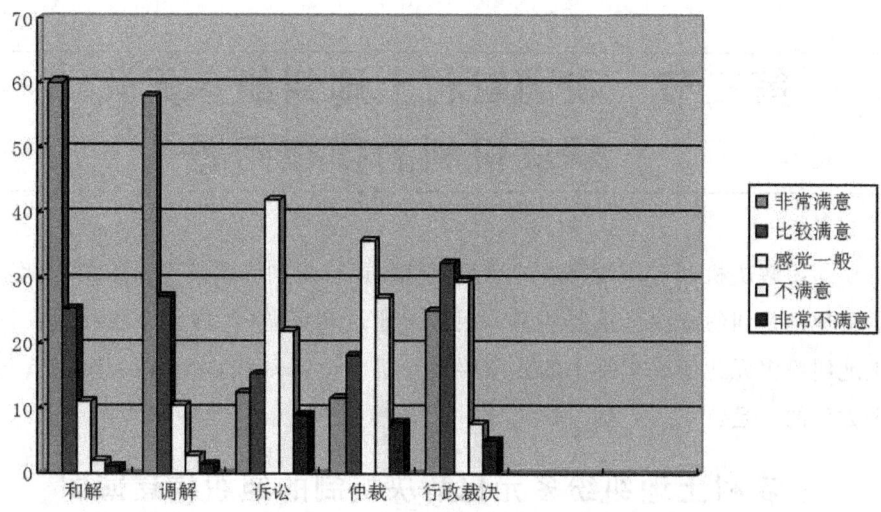

图 22　受访者对解决纠纷方式的满意度

从民众对纠纷解决的习惯和纠纷解决选择的偏好上看,在仍被传统乡村习惯所影响的农村地区,大多数的当事人相比选择法律规定的方式途径更倾向选择民间社会规范来解决纠纷。法律规定的程序此前的司法腐败、执法失范以及陌生的现代诉讼程序使基层民众对司法途径不抱有好感。为了更好地适应农民对法律的需求,就必须加强完善诉讼纠纷解决方式。当我们调查所涉及基层派出所、基层司法所等机构时,我们注意到在多样化的纠纷解决体制中具有的"权力"化色彩的行政调处机构的地位和作用。从人们对这些具有行政性质的纠纷解决机构的满意度上看来,人们强烈地需要这些具有行政化权利色彩的机构,即使这些机构受着司法扩张导致运作空间压缩的影响。这些行政机构在解决纠纷方面上的作用是不可替代的,如果纠纷在基层人民调解委员会没有得到一个好的结果,那么乡镇一级政府或行政机关的解纷机构则成为纠纷当事人又一求助的选择。行政性纠纷调解的直接性、特殊性和经济性、快速性等特点对于大多数的农村土地纠纷主体来说会更有吸引力。由于行政性质的纠纷调处机构具有公权解纷能力,当发生农村土地纠纷时,专门的农村土地纠纷解决机构的及时介入,在面对大众的不满情绪时,能快速地解决此类问题。当下社会转型期采用一些较灵活的行政性质调处方法,更加能有效地结合当地的民俗习惯来解决农村土地纠纷问题。

第三节 我国农村土地纠纷多元化解决机制的存在问题

纠纷解决机制对纠纷解决的组织、制度、运行规则体系筹。组织、制度、运行规则是纠纷解决最重要的基本因素。通过实证调研,深入考察我国农村土地纠纷多元化解决机制中的各项要素与机制运行现状,本书认为有以下几个方面的不足:

一、农村土地纠纷多元化解决机制的组织构建薄弱

(一)各组织机构各自为政

为符合我国相关的法律法规及政策,构成我国农村土地纠纷解决的组织主要有国家机关、司法机关、农村土地纠纷仲裁机构及调解组织以及相关社会组织等。国家层面的解纷主体和社会层面的解纷主体的划分是根据纠纷解决的权力所属、职能及责任要求的不同。国家层面的纠纷解决主体主要是指法律法规明确规定纠纷调处职能的国家司法机关等,社会层面的解纷主体则是乡村权威或社会权威自主或受邀请参与到纠纷解决当中的组织。这些组织机构不仅没有在解决纠纷中发挥出各自互补的作用,在农村土地纠纷解决中,我国的农村土地纠纷解决组织各自为政,并没有形成有机的体系在机制中发挥互动作用,农村土地纠纷并没有得到有效和及时的解决。纠纷解决主体能力不足成为首要的问题。我们在解决农村土地流转纠纷上首要考虑的是农村土地流转行为的性质、流转合同效力的确认、纠纷解决所适用法律等因素。面对农村土地流转专业知识和专业法律法规时,这些人对纠纷的解决也难以把握。其次,解决纠纷的主体并不够完善,没有相关的法律法规、社会环境的支持,在解决纠纷后,相关当事人出现反悔并利用不法手段来维护自身利益从而扰乱社会秩序的情况也是层出不穷。所以,我们应该提高解决纠纷主体在专业解

决纠纷方面的技能。再次,全面落实《最高人民法院关于建立健全诉讼与非诉讼相衔接的矛盾纠纷解决机制的若干意见》的精神,促进农村土地流转纠纷解决的关键是要发挥各种中间力量,同时也需要解决纠纷的主体完善专业技能和回应各体系协调发展,面对"您认为哪些解纷主体对土地流转纠纷解决中起到了决定性的作用"的问题时,国家层面的纠纷解决主体对纠纷解决起到的决定性作用在农民心目中的印象不好。这也体现出有关纠纷解决机构表现不足的方面在于组织和职能的建设等。

(二)农村土地解决机构行政化问题突出

近年来,农村土地纠纷解决机构的行政化问题越来越突出,以我国构建的农村土地承包仲裁委员会为例,其行政化问题比较明显有以下几方面体现:

1.根据《土地仲裁法》第12条规定:"农村土地承包仲裁委员会,根据解决农村土地承包经营纠纷的实际需要设立";"农村土地承包仲裁委员会在当地人民政府指导下设立。设立农村土地承包仲裁委员会的,其日常工作由当地农村土地承包管理部门承担"。从此规定可得出,政府对土地承包仲裁委员会的人员编制及费用方面直接管理,也就是掌握了土地承包仲裁委员会的人事与财政,土地承包仲裁委员会受制于行政机构,并具有严重行政色彩,以致难以保证其中立的裁判地位。

2.根据《土地仲裁法》第48条规定:"当事人不服仲裁裁决的,可以自收到裁决书之日起三十日内向人民法院起诉。逾期不起诉的,裁决书即发生法律效力",农村土地承包纠纷不以仲裁为前置条件,这就是与属于前置程序劳动仲裁的区别,无终局性,但属于先仲裁后诉讼的程序。由于仲裁裁决不具有终局性的效力,导致仲裁被纠纷主体虚化。

3.立法者认为土地承包关系中双方当事人是具有行政性的关系,并在潜意识中受其影响,所以土地承包依托于行政性的特点,由立法者将农村土地仲裁划为行政执法的范围。从承包农村土地纠纷本质上是平等主体间的民事法律关系上看来,土地承包仲裁的行政化是不合理的。"仲裁机构集行政管理权与仲裁权于一身,既是国家行政机关又是仲裁机构,既具有行政权又有准司法权,其仲裁员或办事人员还是国家行政机关工作人员,影响仲裁的独立性、公正性"①。

仲裁的作用和功能逐步地被农村土地承包仲裁裁决的非终局性弱化,使得当事人并不看重土地承包仲裁,导致农村土地承包纠纷仲裁的方便快捷、经济、专业和灵活等特点无法发挥,也就不能有效地保护农民的合法权益。

二、农村土地纠纷多元化解决机制存在制度衔接缺陷

关于农村土地纠纷的调解、仲裁、诉讼等纠纷解决方式中都存在着一定的制度衔接缺陷。例如最方便快捷且省钱的途径是人民调解,使当事人更能有效地维护自己的权利,这种调解协议强制执行力弱,审查程序较复杂,诉讼时期延长,花费金钱多,难以形成解决纠纷的"终局",使农村土地纠纷得不到及时解决也难以对纠纷当事人的权利有效救济。因此,我们应该把纠纷解决方式的性质作为解决基础,与现实需求相结合,与多种纠纷解决机制互补,以实现纠纷解决效益的最大化。在我国现行的农村土地解决机制中,虽然法律明确规定了多元的纠纷解决方式,但这些纠纷解决方式并没有形成一个完整功能互补、方式衔接得当的纠纷解决机制,而且我国当前法律对农村土地纠纷无缝隙解决也没有最明确的规定,这些缺陷导致在实践中,发生纠纷的当事人只能根据法律法规的指导进行协商、调解、仲裁、诉讼等,但在这个过程中也浪费了大量的时间和金钱,大大地缩减了纠纷解决的效率。以现行的《农村土地承包经营纠纷调解仲裁制度》为例,即使法律已经明确地规定了农村土地承包经营纠纷仲裁制度,但实际运用中,大多地方也并没有根据法律适用土地承包经营纠纷仲裁。数据调查结果显示,仲裁这种方式解决土地纠纷问题并不被大众人民所了解,相对少的一部分被受访者表示知道仲裁也是解决农村土地纠纷的方式。但面对愿意选择何种方式解决农村土地纠纷时,少部分人选择仲裁方式。大多数人不选择仲裁是因为对其制度与相关程序的不了解,或认为仲裁并不是一裁终局等。调研中所表明的是仲裁资源在农村土地流转纠纷解决机制中处于一个闲置的状态。因此,能直接影响解纷机制运行的主要因素

---

① 史卫民:《农村土地承包纠纷仲裁制度探讨》,《华南农业大学学报(社会科学版)》2009年第3辑。

还是制度衔接不当。

农村土地承包纠纷仲裁与诉讼方式之间的衔接在一定程度上体现了在解决纠纷的效率问题和法律适用的问题。解纷机制衔接不一致所表现出来的有:(1)受理范围的差异性。立法限制对诉讼所受理的范围管理影响较小,包括土地承包合同纠纷、土地承包经营侵权纠纷、土地承包经营权流转纠纷、土地承包征收补偿费用分配纠纷和承包农村土地经营继承权的纠纷等,只有对承包土地经营权确认的纠纷不处理。土地仲裁的受理范围具有两大特点:灵活性和广泛性。因为它规定了法律、法规规定的其他农村土地承包经营纠纷的兜底条款,同时也确认农村土地承包经营权发生的纠纷。从这种状况看出土地纠纷仲裁裁决后时常有法院不受理的情形。(2)法律适用的不确定性,土地仲裁所依据的有两方面:一是依据法律法规所判定。二是以历史承包经营权相关政策因素比较结合制度裁决。法院是特殊的机构,在判决纠纷上的运用只能根据有效法律规定和对应的司法解释定案。与此同时,最高法院的司法解释对仲裁裁决有何作用呢?例如对于土地闲置这类问题,最高人民法院《解释》第6条规定强调对连续二年弃耕抛荒的承包地收回重新发包,但《土地承包法》却没有相关规定致使法律的意义不相同。(3)证据的采集与保存、执行困难等程序。事实上,法院对土地仲裁证据的采集先予执行申请这类问题并不重视,农业管理职权所获取的证据在诉讼实际中有证据规则的限制,即使仲裁部门获取其证据也不能作为依据来定案。实践中法院无法落实仲裁机构生效的裁决,使有效执行成为不可避免的事实。因此,构建完善仲裁机制与法院的有效沟通机制是解决土地仲裁与诉讼的衔接不当的主要途径①。

三、农村土地纠纷多元化解决机制的运行程序设置不合理

(一)运行程序效率低

纠纷当事人如果经过法院来审理土地纠纷案件,由于法律程序过于繁杂,

---

① 张金明、陈利根:《农村土地承包纠纷解决机制的多元化构建——基于土地诉讼、仲裁和调解的定位与协调》,《河北法学》2011年第6辑。

导致当事人在诉讼中的压力较大,况且地方政府也是对法院解决征收类土地纠纷判定时的影响因素,在这些因素的影响下土地纠纷类案件无法迅速得到解决。由此看来,我国法院在机构组织上、财政方面独立性有所欠缺,各个地方的政府都或多或少地影响着法院的独立。大多数的法院都对土地纠纷相关的案件避而不见,法院在面对土地征收类纠纷案件时,判决征地违法情形也是存在的,但服从判决的较少。人民法院在解决土地纠纷的过程中受到政府以及其他机关影响因素较大,政府的干预很大程度地影响着法院对土地纠纷案件做出公正的判决。从而,法律诉讼这一最后的权益保障途径,对于土地纠纷类案件的权利人权益也难以实现。

(二)运行程序费用偏高

目前,人们对程序费用高这一问题较为看重,使农村土地纠纷类案件站在诉讼程序的边缘。因为地方财政并不是完全负责法院的办案经费,所以法院办案经费不足的部分只能以收取诉讼费用来弥补。因此,法院关于原告预交的诉讼费的处理上,原告在胜诉后不用承担本案诉讼费。但法院一般情况下都会在两种情况下才退还其诉讼费:一种被告交纳了其应负担的诉讼费,法院才予以退还其诉讼费用。一种是在被告不交诉讼费的情况下,由原告向法院申请执行被告交纳的诉讼费后,原告交纳的诉讼费才会予以退还。但在实际运用当中,法院根本收不到被告的诉讼费或者强制执行费,因此胜诉的原告自然就承担了法院收不回的诉讼费用的损失。2007年4月1日正式开始实施由国务院制定的《诉讼费用交纳办法》,地方法院的财政渠道获取办案经费并没有得到实质性的改变,地方各级法院依然不会有效执行这一行政法规。一些地方的法院逐渐地减少所收取的诉讼费这一举动会遭到其他地方法院的干预。因此,原告的合法权益并没有得以实现,只不过是判决书上的白纸黑字,并且原告的诉讼费也难以收回的情形使得当事人想通过诉讼程序来保障权益的希望也破灭了。

四、农村土地纠纷多元化解决机制的功能弱化

农村土地纠纷解决机制的主要功能就是解决农村土地纷争,所以,农村土地纠纷解决机制的功能弱化,主要体现在各种农村土地纠纷解决方式对农村

土地纠纷解决的作用与效果。农村土地纠纷的案件时,纠纷当事人首要选择的纠纷化解方式是协商、调解,行政处理或司法诉讼等公力救济才是当事人次要选择的纠纷解决途径。但以上几种纠纷解决方式都存在不足。(如图23):

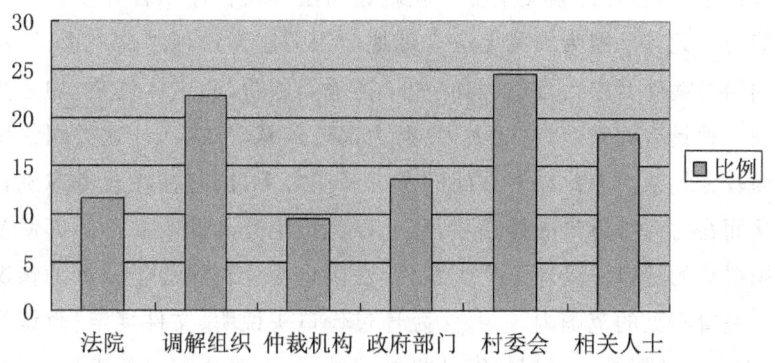

图23 您认为在农村土地纠纷解决中哪些主体的作用比较大

第一,协商和解效力低。协商和解不彻底,易引发新纠纷。和解是农村社会长期存在的,在发生纠纷的第一时间,人们大多都选择和解来解决问题。但和解存在一定的不足之处,它是凭双方当事人的自由意愿来解决纠纷,并没有以法律依据为解决纠纷的基础。如果一些当事人在和解之后突然觉得这样的和解利益不大,要求重新调解或其他方式解决。这样看来和解这种途径并没有对当事人的合法权益起到有效保障的作用。

第二,调解效果欠佳。大多数的调解人员对相应的调解技巧并不能完全掌握,也没有通过系统的学习如何合理地运用调解这方面的技巧,调解员和当事人所表达的意思不接轨,一些调解人员的综合素质并不高,使得调解这种方法在纠纷解决方式中效果欠佳。

第三,仲裁裁决地位低。在农村存在一个普遍的现象就是除了土地纠纷被纳入使用仲裁解决这类方式途径之外,其他纠纷选择的解纷方式并没有仲裁。再者,农民对仲裁程序几乎不了解,认为其程序复杂,就算有仲裁裁决方式也不会首要考虑,由于多方面的影响因素仲裁裁决就慢慢地淡化出农民解决纠纷的选择途径。

第四,在广大农民心中,发生纠纷的首要的解决途径并不是司法诉讼方式,并且人们对这种诉讼方式的偏好较低。但在所有的纠纷解决途径中,司法诉讼这种方式具有最强的法律权威性,因此,影响司法诉讼途径的运用其实是本身的特性。例如司法诉讼程序的过程复杂、消耗的时间久、费用多,让有纠纷的农民排斥,各种因素夹杂在一起就让司法诉讼程序闲置并发挥不了其公正的能力。尤其是因为农民无法合理地运用司法诉讼程序这一途径,法院对农民纠纷类案件要求太多。例如,关于征地类纠纷,其主体复杂,加之法院还没有完全地具有独立性,它的人力、财力都还依靠着政府,征地类纠纷所涉及的层面较为复杂。因此在多方面的考虑和压力下,法院往往会考虑到自身的压力从而在对纠纷诉讼的程序更复杂,以此拒绝受理此类案件。即便是在广大人民群众的呼声中受理了这类案件,法院也会让村民处于败诉的情况。往往在人民看不见的范围内,一些法院通过像口头说明、文件规定、政策类的补充,将农民土地纠纷一系列的案件拒之门外,而上级法院只负责发文件,下级法院只需要遵照执行。

第三章

域外农村土地纠纷多元化解决机制的阐释

面对农村土地纠纷数量的日益膨胀和规模的不断扩大,为避免其成为一种破坏性力量,域外不同的国家和地区根据本国和本地的实际情况,也探寻和构建了一套有效的预防和解决机制,比如英国的土地裁判机构制度、爱尔兰的土地仲裁法庭制度,甚至在美国的马萨诸塞州和夏威夷州都还设有专门的土地法院制度。除英美法系国家以外,大陆法系国家的法国设有农事诉讼调解制度、日本也设有独立的解决土地纠纷的小额索赔制度;我国香港地区也设立了独立的土地纠纷审裁处制度等。尤其是英、美、德、法以及我国香港地区为了更好地化解农村土地纠纷,特别构建了专门的土地纠纷裁判机构,发挥了重要的解纷作用,很值得我们学习和借鉴。所以,根据这些国家和地区土地纠纷解决机制构建的历史背景和特点,我们有目的地选取部分典型国家和地区进行比较分析。我们力求从各典型国家和地区的土地裁判机构的组织构建、运行程序方面进行考察和梳理,以探究其解决农村土地纠纷的内在基础和思路。

第一节 域外农村土地纠纷多元化解决机制的组织构建

为了保证本国或本地区的农村土地纠纷多元化解决机制的高效运行,无论是英美法系国家与地区,还是大陆法系国家比较重视农村土地纠纷多元化解决机制的组织构建。大部分国家与地区都设置了专门解决土地纠纷的裁判机构,该机构具有较高的独立性,能够独立行使土地纠纷裁判权力。这些专门的土地纠纷裁判机构的设立,使土地纠纷案件裁判的花费低、方便快捷,促使土地纠纷能够得到公正有效解决。

一、英美法系国家与地区农村土地纠纷多元化解决机制的组织构建

(一)英国土地裁判所

1.建立背景

在英国,土地通常是私有财产的形式存在,这也是资本主义制度的基础。在二战以后,资本主义国家的经济社会得到改革,政府宏观干预特征明显,在一定历史时期内,政府的主动干预推动了当时的经济社会发展。政府的行政权在本质上有强烈的扩张性,政府的行政权力的触角不断延伸,已经触犯到公民权利,这样一来,政府和公民的纠纷不断发生。以土地来看,为了维护社会公共利益,英国政府积极推进土地开发公有化、限制私人进行土地开发。为此,英国先后公布了一系列的改革法案①。但是,在这些法律陆续实施后,英国政府开始面临日益增多的土地补偿争议。对这些补偿争议,首先需要面临的就是土地征用行为的合法性问题。在补偿争议中,政府就是社会的管理者,也是市场的主体,具有身份"二重性",除了普通的民事法律补偿以外,还存在土地管理中的评估等一些专业性问题。正是由于这些纠纷具有双重性质、审理起来异常艰难,使得普通法院不再适宜管辖这些纠纷。为更好地实现法律正义、维护公民权益,土地裁判所应运而生。

2.土地裁判所的性质

对土地裁判所的定性问题,英国学界素有争论。最初,土地裁判所被视为行政机关。但上世纪50年代后,学界立场和看法都逐渐发生变化,尤以发生

---

① 例如:《城乡规划法》(1947)、《土地委员会法》(1967)、《城市农村计划法》(1968)、《土地公有化法》(1975)、《土地开发税法》(1986)等。

在1954年的"克里奇尔高地案"为甚①。因为,裁判所做出的裁决不具有行政色彩,而应当是司法性质的②。这类裁判所和普通法院一样,履行依法审判的定纷止争职能。最为根本的是,裁判所公正处理案件,并不服膺于行政权力,因而具有和法院一样相对超脱的独立地位。此外,威廉·韦德也认为裁判所是对传统司法组织的有益补充③。

3.具体设置

如前所述,英国裁判所作为一种特定的纠纷解决机制,适应了二战后社会经济形势的变化④。根据《裁判所、法院和执行法》(2007年)的规定,土地裁判所是英国司法体系的重要组成部分,受司法独立原则的约束与保障⑤。土地裁判所主要目的是处理土地方面的纠纷问题,可以依法对事实问题和法律问题做出相应的判定,同时也可以对政府的政策问题发表意见,有的时候裁判所做出的裁定可以完全代替最先决策者的决议。由此看来,土地裁判所在土地纠纷领域享有较高的司法权。土地裁判所有自己的裁判体系,可以完全不按照或者遵循《民事诉讼规则》,这样可以更加地确保土地裁判的执法公正和严格,对于案件才能做到不偏不倚。

在上世纪末,英国根据自己的国情需要制定了《土地裁判所规则》,此后十年间进过4次修改。土地裁判所因具有程序简易、时效迅速、成本低廉和高度专业性的优势,土地拥有者给予了极大的方便,大大地降低了时间成本和精力成本。土地裁判所对诸如征地补偿合理性的司法认定,为司法运作提供了有益补充。另外,为了保障裁判尺度的连贯性和统一性,对于裁判所的人员的构

---

① 该案直接导致弗兰克斯委员会对行政裁判所采取了调查程序,随后该委员会在1957年出具的一份报告中,对设立裁判所的必要性予以肯定,也对其性质做了界定。在该委员会看来,行政裁判所不是行政机关,而是司法机构,但也不能把其列入普通法院的范畴。

② 英国著名行政法学家威廉·韦德在其著作中也明确指出,裁判所并不执行行政决策,而只是依据事实实施法律规则。

③ 陈静:《一些国家和地区土地裁判所的性质与功能》,《资源管理》2007年第3辑。

④ 沈开举、郑磊:《英国土地裁判所制度探微》,《郑州大学学报(哲学社会科学版)》2010年第5辑。

⑤ Tribunals Courts and Enforcement Act 2007, s. 1, Constitutional Reform Act 2005, s.3.See Merchandise Transport Ltd V. British Transport Commission,1962.2QB 173.

成要求极高,也更加有能力反映社会的具体变化情况,为政策运行提供了法律方面的影响。

在英国,土地纠纷大致分为三类①,这三类纠纷分别由法院民事法庭、高级法院的行政法庭和土地裁判所来解决。涉及行政相对人的财产或利益的行政决定或行政行为的纠纷,通常对于土地裁判所做出的二审判定有不服从或者不执行的,通过最高法院申诉解决。土地裁判所通常有两级建制:第一级建制以各地郡、区或特别管辖区为单位,这个建制主要是地方政府负责建立,在司法独立行使权力,其人员也是兼职居多。第二建制英国全国只有三个,分别为英格兰②、苏格兰和北爱尔兰三个区域;这个级别主要是负责上诉审职能,其组成人员相对的专业化,当然政绩突出的官员也可以担任这级的成员,通常都是大法官来进行任命的。行政人员和司法人员组成,设主席一名。此外,还有若干由宪法事务部负责任命的行政人员③。

4.管辖范围

(1)一级土地裁判所的管辖范围

一级土地裁判所受理的案件范围包括:①补偿争议④。②财产损失通知。根据《城乡规划法》(1990年)第150条,因政府规划决议造成土地权利人利益受损时,土地权利人在符合法定条件的情况下,有权要求政府购买其土地权利,在政府拒绝时,土地权利人即可将此争议提交土地裁判所裁决。③限制性合同。根据1925年财产法第84条,土地所有人或永佃权人在其土地利用上受到用途、建筑物等方面的合同限制时,即可向土地裁判所提出申请,土地裁判所可以采取三种⑤途径来解决这类纠纷。④仲裁。仲裁是指对土地的价值存在争议的,当事人双方协商提交当地的土地裁判所裁判,那么土地即可仲裁。⑤土地税收申诉。根据1970年税收管理法第46D条,土地裁判所受理

---

① 分别是:民事主体之间的财产纠纷、对涉及公共利益的行政行为的诉讼纠纷和涉及行政相对人的财产或利益的行政决定和行政行为的纠纷。

② 负责英格兰和威尔士地区。

③ 王守智:《英国土地裁判对我国的借鉴意义》,《河南国土资源》2006年第8辑。

④ 包括土地强制征收补偿争议、因公共工程的建设使用(如公路或机场噪音)致使土地价值贬损的补偿争议以及海防工程、采煤区塌陷、水库、地面排水工程等引起的其他损失补偿请求。

⑤ 一是裁决解除限制性合同,二是修改限制性合同,三是裁定通过补偿途径解决。

公民对某些与土地价值相关的皇家税务和海关机构决定不服的申诉。⑥采光权的裁判。如果相邻建筑物权人认定某建筑物对自己的采光造成了影响,那么该权人有权利向该建筑物的所有人提出土地裁判申请,裁判所在一定时间内将做出裁判并发布相应的公告并出示相关证明向该建筑物的所有人,并说明该建筑物妨碍邻居享有土地采光权的权利。该建筑物所有人如果对裁判所做出的裁判决定不服可以向当地政府申请土地裁判。

(2)二级(或二审)土地裁判所管辖范围

土地类裁判当事人如果对一级裁判的结果不服或者存在疑问可以按照裁判相关的法律向二级裁判所进行"上诉"。土地裁判所的范围边界:①不服估价裁判所裁决的上诉。在缴纳地方税时,对于估计裁判所做出的土地裁判评估存在疑问或者不服,土地所有人可以在估价裁判所判定后向二级土地裁判所提起上诉。②不服租金评估裁判所裁决的上诉。根据2002年不动产和租金改革法第175条和1996年住宅法的规定,当事人不服租金评估裁判所的裁决,可以向土地裁判所上诉,但前提是必须获得许可。③不服住房裁判所裁决的上诉。根据2004年住宅法231条的规定,不服住房裁判所的初始裁决,可以向土地裁判所上诉,当然也必须获得许可。

(3)司法审查

土地裁判所同高等法院一样可以行使部分"司法审查权",对所有裁判后的土地裁判案进行审查。根据土地裁判所所在地的法律授权,当事人可以向土地裁判所申请救济手段,包括强制令、调卷令、宣告令、禁止令等。

(二)美国马萨诸塞州土地法院

美国法院注重"正当法律程序"(Due Process of Law),却深受"诉讼社会"所带来的灾难与苦恼。为了解决积案并为人民提供有效率、有品质的司法服务,法院内部皆自发地宣导或安排提供诉讼外的各种"解决纠纷的替代性方案"①。1870年,美国加入《承认及执行外国仲裁判断公约》(Convention on the Recognition and Enforcement of Foreign Arbitral Awards),具体实践ADR。1983年,美国《联邦民事诉讼规则》(Federal Rules of Civil Procedure)

---

① 蓝瀛芳:《国外调解制度介绍》,《调解制度与司法改革研讨会》2003年版。

第16条①修订,使法院实践ADR具有明确的公共政策方针与法律依据②。因ADR本身所具有的优势,也备受纠纷当事人青睐,逐渐被推广。

在美国解决纠纷的机制存在两种:其一,通过非诉讼途径解决纠纷问题。其二,通过诉讼的法律渠道解决纠纷问题。这个划分标准是在解决纠纷时是否通过诉讼来判定的。非诉讼渠道解决纠纷问题的机制职能的行使主体是国会的有关部门、行政部门、独立监管机构等。诉讼解决机制职能行使主体只能是法院,同时有权监督其他的主体处理纠纷问题。随着历史的发展,许多非政府性的组织和民间组织也积极地参与到解决纠纷问题中来,发挥的作用越来越不容忽视。美国ADR制度依程序进行的对抗性与否,可分为《对抗性程序(controversy procedures)》,如仲裁程序;及《非对抗性程序(non-controversy procedures)》,指除含仲裁以外的其他程序,如谈判(Negotiation)、和解(Conciliation)、调解(Mediation)、简易审(Facilitation)及迷你审(Mini-trial)等。美国以外的国家,ADR多半专指非对抗性程序。此外,美国初期系以民间办理之ADR为主,随着ADR功能不断地拓展,法院亦开始附设仲裁、法院附设调解、简易陪审团审理等,此种以司法为主的ADR称为《司法ADR》或《法院附设ADR(Court annexed ADR)》。司法ADR对缓解法院案件压力发挥了重要作用③。

1.设立背景

马克思说"人们奋斗所争取的一切,都同他们的利益有关。"有史以来,土地都是社会利益结构的中心,许多社会利益都以土地问题展开。政府行政政策和私人利益相互博弈共同演绎法律权利基础结构的推动力量正是这个土地问题。在这个基础结构中,最复杂的无疑就是土地所有权的确权程序。上世纪末期,美国土地确权程序混乱、费用高昂,引发了社会和民众的强烈不满。为了迎合社会的发展需要,回应民众的期待,马萨诸塞州专门成立了土地

---

① Federal Rules of Civil Procedure, Rule 16. Pretrial Conference, Scheduling, Management, at https://www.law.cornell.edu/rules/frcp/rule_16 (last visited 10/05/2015).

② 吴光明:《多元文化与诉讼外解决纠纷机制》,《仲裁理论与判决研究》2004年11月版。

③ 李念祖、陈仕振、曲以文:《我国仲裁与诉讼制度解决医疗纠纷之比较》,《仲裁季刊》2004年第73辑。

法院。

作为法律概念的所有权,和其他国家及地区一样,在马萨诸塞州也经历了特别曲折的历史演进过程。在历史的长河中,土地交易的利益证明文件被公共契据登记处一笔一画的记录在历史的画卷中。时间推着历史向前迈进,马萨诸塞州的土地所有权的相关记录是一件昂贵的历史文物,但是由于历史的侵蚀,整理出来那是一件非常花时间的工作。事实上,除了从事过搜索以及不动产转让实务并有丰富经验者,很少有人能胜任这项工作。由于马萨诸塞州土地所有权的结论来自于私人的杰作,这份整理出来的文物的权威性受到大家质疑或者不认可。更让人无法忍受的是,这种情形并非只在马萨诸塞州存在,整个美国大抵也是如此。恰巧的是,英国此时的法制和社会状况也不尽如人意。值得高兴的事情是罗伯特·托伦斯在1858年的澳大利亚已经初步找到了解决这个难题的方法了。

1814年,托伦斯生于爱尔兰科克,于1840年移民南澳大利亚。在南澳大利亚,托伦斯利用担任海关税收人员的契机,逐渐熟悉了船舶等级制度。1853年他出任南澳大利亚契据登记署总长,也因此对有关不动产的法律及实务操作有了更为深刻的了解。1857年,托伦斯当选为南澳大利亚议会议员,并在一年后也就是1858年提出了一项旨在改革土地所有权登记办法的法案。该法案与托伦斯担任海关征收员的经历密切有关,因为该法案无时无刻不显示着船舶所有权登记制度的影子。

1858年出台的不动产法案,是不动产登记制度的重大变革。该法案将土地产权登记从私人领域脱身出来,转而由政府确认来赋予所有权以合法地位。这样,一项在不动产登记制度史上具有划时代意义的改革法案诞生了。为了纪念托伦斯的贡献,这项制度被称为托伦斯土地所有权登记制度①。美国借鉴了该制度,同时为了贯彻实施马萨诸塞州的托伦斯制度,土地法院应运而生。马萨诸塞州州宪法授权马萨诸塞州议会组建法庭以审理不同类型的诉讼。在这种背景下,马萨诸塞州议会设立了登记法院,此后更名为土地登记法院,后被简称为土地法院②。

---

① Glendon J.Buscher,Jr.,Esq.The Nature and Evolution of Title.2003.
② Glendon J.Buscher,Jr.,Esq.A Brief History of the Land Courte.2006.

2.具体设置

当事人依照法律程序参与正当的法律程序后,土地法院根据法律程序有权指定审查人员全面调查不动产的具体情况并做出不动产的具体情况的审查和判定,这个行为动作就是不动产产权状态登记。此后,不动产产权具体情况清楚地登记在证书上,即不动产所有权证书;随着不动产的多手交易,所有权实际情况也不断发生变化。所有权的证书的作用有两种,一是清楚地证明现实不动产所有权的实际情况;二是不动产权的认定,当然联邦法律法规做出相关规定的除外。其中,第二种功能和罗伯特·托伦斯当初关注到船舶所有权状态一样。在这里,登记判决和所有权证书都是物权凭证,其所证明的物权都是对世性的。

传统登记制度所形成的证明文件,并不足以证明所有权,或者其所证明的物权存在明显瑕疵。因此,只有通过裁决程序来予以纠正。马萨诸塞州土地登记法案(1898年)规定土地法院行使的权限既包括司法权,也包括行政权。

3.管辖范围

最初,由于土地法院审判级别不高,当事人可以对其裁判或者判决程序的正规性提出质疑并且向高等法院上诉。从1899年开始,土地法院的地位逐步上升,现在和最高法院一样,都是记录法庭。此后,土地法院的管辖范围覆盖全州,直到上诉法院成立这一状况才开始改观。

土地法院创立之初,无人上门进行土地所有权登记者。对于当时经常发生的出生、死亡、婚姻以及各种名贵家畜的登记,土地法院只能一一予以驳回。在这种情况下,在20世纪初土地法院正式改名为土地登记法院。

不论何种原因而提起诉讼的,为了进一步严格执行土地登记法,对土地所有权的诉讼都有权进行管理。随着土地法院专业登记效果日益显著,其管辖权不断扩大。从实际操作来看,土地法院有专属的管辖权力针对登记、确认和处理税产等。上世纪60年代,登记和确认案件占据主导地位。今天,土地分区及利用案件成为土地法院关注的焦点①。土地法院和其他法院同时享有在其他财产事项上的管辖权。土地法院在土地征用或者消费者保护方面没有管

---

① The G. L. c. 185. http://www.malegislature.gov/Laws/GeneralLaws/ParttII/TitleI/Chapter 185.(last visited 06/2017).

辖权,即便土地法院的管辖权在不断地扩大。

本世纪以来,土地法院管辖权在不断拓展。2003年,土地法院对不动产合同和不动产分割申请开始拥有管辖权。此外,它还可以受理对地方规划委员会和分区委员会决策事项的上诉。土地法院还能监督土地管理局的每一笔契据登记。对终止军人行使抵押物赎回权的案件,土地法院和高等法院均有管辖权。此外,土地法院还设有专门的立案庭①。立案庭可以对涉及土地利用和环境评估的民事诉讼进行初审,这和高等法院的权限一致。在程序上,原告立案时应提交立案庭制发的民事诉讼登记表,并保证该案属于立案庭的管辖范围,否则就会被立案庭驳回。立案庭的民事诉讼登记表可以从网上获取,和土地法院的诉讼登记表一样,可以适用于其他土地法院。

(三)我国香港地区土地审裁处

1.设立背景

我国香港地区是一个面积狭小、人口密度大的世界性大都会。上世纪中叶以来,香港社会的现代化步伐不断加快,经济社会发展呈现出勃勃生机。在此背景下,外资不断注入,新设工厂、开办银行、修建写字楼等建设事业的不断拓展,既推动了香港社会的长期稳定繁荣,也加剧了香港本就人多地少的紧张局面,土地纠纷日益增多。为了妥善解决这些纠纷,香港大力推进提高土地利用效率,实施填海造陆计划,但尽管如此,土地问题依然是一个棘手的问题,而且这些计划本身也带来了很多纠纷,比如市民向港英政府要求损害赔偿。为此,香港充分考虑了这些纠纷的特性,借鉴了英国土地裁判所制度,于1974年成立了土地审裁处,专司土地纠纷的审理。自运行以来,城市化建设进程得到有力的推进,大量的土地纠纷问题得到实质性的解决,它的及时高效公正的优势得到进一步凸显。多年实践表明,土地审裁处制度在处理纠纷、稳定社会方面效果显著。时至今日,因为司法框架有效解决了大量土地纠纷,香港因土地纠纷引发的上访和群体事件非常少。

2.具体设置

依照《土地审裁处条例》的相关规定,土地审裁处是依法专门处理土地以

---

① 根据马萨诸塞州《关于精简和加快立案程序的法案》(2006年)设立。

及建筑物等方面的案件的机构。总督直接任命该处的法官和工作人员。它能够及时高效地处理一些简易的案件，从而为法院减轻许多负担①。审裁处的前身是租务法庭，在审级上与地方法院相当。依据该《条例》设立了一个名为土地审裁处的记录法庭②。该记录法庭在1982年6月更名为土地审裁处，与此同时该处的权限在原来的基础上进一步扩大。权限扩大后的土地审裁处可以处理普通的租务问题，也可以处理二战后楼宇租务的诉讼案件。土地审裁处有三名法官，必须要有一位担任土地审裁处庭长，此庭长还必须是高等法院的法官，其他的法官可以是区域法院的法官。审裁处还有一位成员，但他必须是备受社会认可的测量师。审理案件时，人员组合很灵活，组合可以是庭长或者法官单独审理案件，也可以是庭长和法官一起审理案件，甚至审裁处成员都能审理案件。

《土地审裁处条例》还对法官选任的问题作了规定。庭长由行政长官委任的高等法院法官担任，法官由区域法院委任。审裁处成员由行政长官委任，审裁员的条件是必须具有法律职业资格，或者在土地估价方面深有造诣，或者是熟悉审裁处的法律程序。此外，考虑到庭长因故不能主持工作的特殊情况，《土地审裁处条例》还对代理庭长及其任期做出了细致的规定，最大限度地保证了制度的有效运行。

3.管辖范围

土地审裁处的司法管辖权主要涉及以下几类案件：(1)收回管有权的案件。业主提出收回楼宇管有权的申请可以由土地审裁处裁定。(2)建筑物管理案件。土地审裁处有权力裁定建筑物管理的争议。(3)补偿案件。当政府因其公共行为而损害国民土地权益时，土地审裁处有权裁定政府所需支付的补偿款额。(4)土地强制售卖案件。土地审裁处可以审理业主因政府强制售卖其土地的行为争议。(5)上诉案件。土地审裁处与高等法院原讼法庭权力相同③。此外，土地审裁处对已经产生的诉讼程序，如果认为不属于土地审裁

---

① 目前，香港地区的司法机构架构包括终审法院、上诉法庭、原诉法庭、区域法庭、家事法庭、裁判法院，以及四个审裁处和一个专责法庭——土地审裁处、劳资审裁处、小额钱债审裁处、淫秽物品审裁处和死因裁判法庭。

② 所谓记录法庭，就是必须将审理案件的过程做出完整记录并进行存档的法庭。

③ 相关内容参见香港地区司法机构发布的《土地审裁处条例》。

处的管辖范围,或者虽有管辖权但不能做出公正审理的,可以将案件移交地方法院或高等法院。

二、大陆法系国家农村土地纠纷多元化解决机制的组织构建

(一)德国农业法庭

1.设立背景

在德国,用益权不能转让、不能继承和不能抵押,然而用益权却可以转让行使权,这是该国的法律法规的安排。所以,用益权可以流转行使权,不能流转用益权本身。正因为如此,德国一般以租赁形式进行土地流转①。在原联邦德国,用于租赁经营农地比例达到了38%。现在这个比例得到进一步提高,进入流转的土地范围也日益扩大。为了保障农民权益,防止流转的土地被用于非农用途,进一步规范流转秩序,原联邦德国在《民法典》基础上,于1986年颁布了《农地用益租赁交易法》,规定土地租赁的期限须在12至18年之间,在国家规定基础上合理确定地租,农地租赁实行合同备案制,并赋予农业部门定期检查、调整租赁合同的权利。在承租人未付租金达到两个季度,或者非法转租、改变土地用途的,农业部门甚至有权要求当事人解除租赁合同。

2.具体设置

在德国,土地产权管理和农用地的租赁制度的严格执行给它的农业规模化和现代化作出了巨大的贡献。德国人深深知道农业在国民经济发展中发挥着不可替代的作用,这一点我国也深深地认识到了。因此,为了有效维护农民利益、妥当解决农地流转纠纷,德国也进行了不懈探索。如在二战期间的德国,农民的生存发展和尊严得到相应有效的维护归功于土地私有制和耕者有其田制度。农业法庭在具体的成员安排上既吸收了地方上的法官,也吸纳了两名直接从事农业生产的农民。农业纠纷是由农业法庭依照《农业纠纷诉讼程序法》审理和判决的。上诉州中级法院的情况都是当事人对于农业法庭的裁判或者判决存在不服的,同时地方上也设立了高级法院。在农业纠纷比较

---

① 李延荣:《土地租赁法律制度研究》,中国人民大学出版社2004年版,第45页。

重大或者很重大的案件，最高法院可以进行审理。法院有权剥夺世袭农场主的权力如果在其审理相关案件时发现土地所有人或者农民无能力或者不能经营农场。

现代德国依然重视解决农村土地纠纷，并对其进行了艰辛探索。法律法规规定，当事人可以根据农业法院诉讼和调解两种方式解决农地租赁纠纷问题。调解虽然不是诉讼解决的必经程序，依然在土地纠纷中扮演着重要角色。根据调解的程序要求，市长和教士或者专业人士可以充当调解人的角色，主持人必须与各方当事人经过协商，一般情况担任主持人的常常都是政府；如若调解没有达成一定的协议，各方当事人都有权把纠纷问题提交给仲裁法庭。正常情况下，提交法院案件不多，主要是在初级法院仲裁庭就能把几乎所有的土地纠纷案件处理完毕，并且都能实现当事人的合法权利。

(二)法国农事租赁法院

1.设立背景

人地矛盾比较突出的国家是法国，因为法国实行大、中、小土地所有制，土地较为分散。土地流转成功地解决了这些矛盾，同时促进土地经营规模化。法国土地用益权和土地使用权都可以流转这是与德国本质区别的地方。当然，法国主要通过用益权的制度安排来处理租佃关系，这又与德国有些许类似。根据《法国民法典》的规定，农地用益权的流转方式包括转让、出租、抵押等等。这也是与德国土地流转模式类似的地方。

法国颁布《农业指导法》、《农业指导补充法》等几部法律目的就是确保土地流转的顺利进行，土地事务所是专门管理土地市场的机构。法国法律明确规定，土地管理机构负责批准土地转让或者租契，未获得批准的转让协议无效。土地管理机构甚至可以对小地块行使优先购买权，整合后卖给具有经营实力和前景的农民，以此实现农业的规模化经营。此外，法国还成立了土地银行，助力土地流转。由此可见，法国农业的快速有序地发展和土地价值充分被利用正说明了土地流转的严格管制优点所在。总之，为了规范土地流转秩序、妥善解决土地流转纠纷，法国进行的探索也是极为有益的。

2.具体设置

20世纪40年代，法国专门设立了负责审理的农地租赁案件的专门机构——农事租赁法院。据统计,目前法国设立此类专门法院一共有409家。该法院的具体设置采用合议庭制度,合议庭由职业法官、土地所有人和土地耕作者代表组成,职业法官担任审判长。同时,为了降低诉讼成本、方便当事人诉讼,农事租赁法院一般设在小审法院所在地,以便与小审法院的管辖范围一致。在审判阶段,合议庭由一名小审法院的法官(职业法官)、两名土地所有人和两名土地耕作者代表组成(非职业法官)。非职业法官由选举产生,平时主要从事农业生产和经营,只有在需要时才参与案件审理。非职业法官具有相应的任职资格,具体是年满26岁,具有土地出租人或者承租人身份满五年。为了确保审理的公正性,在选举非职业法官时,土地出租人和承租人各自选举两名法官[1]。法国农事法院以简易程序和低成本的制度运作机制为解决农村土地租赁纠纷解决供了良好的环境[2]。在民事法院设有专门负责审判土地纠纷的专职法官,这个专职的法官主要是解决土地所有权转移方面的问题。一般而言,每个民事法庭中都会设立一名专职法官。

(三)日本农事纠纷调停机构

1.设立背景

与法国类似,日本国也面临着人多地少的矛盾关系,此外土地也较为分散。因此,日本一般以小农规模为主进行农业生产。即便是这样,农业生产集约化非常高。为了推进农业规模化经营,日本政府采取了一系列推进土地自由转让的政策举措,即采用"废旧规、立新规"的模式[3]。此外,日本政府为了推动土地流转,积极倡导采用租赁方式,促进土地集中,发展规模化经营。日本的土地改革实现了生产体制以土地私有核心,小规模家庭占有、合作化经营、社会化服务。还存在一些公有制性质的土地,主要是包括国家和地方公共团体占用的土地,这些土地主要是森林和原野。

日本的农地流转纠纷历来就有,这也催生了富有特色的日本调停制度。回溯历史,一个制度的形成都可以在历史上找到相应的轨迹,日本的这项制度

---

[1] 陶建国:《法国的特别民事法院》,《人民法院报》2013年9月27日。
[2] 曾涛、梁成意:《法国法院组织体系探微》,《法国研究》2002年第2辑。
[3] 废弃限制农地租佃关系的法规,出台完善促进农地所有权与经营权分离的法规。

起源于德川时期,但是具有现代化意义的调停制度在第二次世界大战前夕已经形成,同时在调停法中规定下来。但促使调停制度产生的直接原因确是为了调整法制继受过程中带来的偏差。日本取法欧陆,但继受于欧洲大陆的民法制度却水土不服,通过诉讼程序解决纠纷却收效甚微。为此,日本开始重新将视野转向国内,回归历史,并挖掘本土资源,开始着手建立调停制度。《借地法》和《借家法》的颁布和专门建议机构的成立给土地所有权、建筑物所有权和房屋租赁纠纷的解决起到了实质性的推动作用。调停制度有效地解决了的土地纠纷,规避了社会矛盾的转化,有效地调和了社会关系。当前,日本的纠纷调停机制非常的完善,传统与现代的解决纠纷机制相辅相成,诉讼和非诉讼机制密切配合,它们同时发力,共同维护日本社会的长期稳定和繁荣。这其中就有农地租赁调停制度的身影①。

2.具体设置

调停委员会是日本主要的农事调停机构,该委员会隶属于法院。这一特殊的机构设置为调停协议获得法律效力提供了基础。根据调停法有关规定,经过调停委员会被调停的农业纠纷法律效力等同于诉讼中的和解。分别由一名主任和两名委员构成调停委员会的成员。在通常情况下,调停主任由法院法官担任,调停委员选择的要素可以是专业律师,也可以是具有相对专业知识和社会经验的人。调停委员会实行任期制,可以连选连任。日本的法律法规是调停制度广泛应用的必然原因。日本民事调停法明确规定,当事人之间的争议或者纠纷,可以申请法院调停②。具体来说,民事调停申请的条件范围比较宽泛,一般情况下当事人不受诉讼程序的限制。在该程序启动后,当事人和法院都可以随时提出申请,并且可以停止民事诉讼,转而进入调停处理。通常而言,调停的双方当事人都相对具有谦让精神,能够意识到纠纷处理的重要意义,因而愿意做出让步,合理解决纠纷,如此形成的调停结果也更符合当事人的意愿。

裁判所在日本是用来解决纠纷的非常重要的机构。分别由最高裁判所、

---

① 范愉:《ADR教程》,中国人民大学出版社2002年版,第54~58页。
② 王元元:《司法资源困境下法院立案调解制度构建之探析》,苏州大学硕士学位论文2009年,第22页。

高等裁判所、地区裁判所、家事裁判所和简易裁判所等组成裁判所。其中,简易裁判所遍布范围最广,城市、集镇及乡村都可以见到它们的身影。

第二节 域外农村土地纠纷多元化解决机制的运行程序

一、英美法系国家与地区农村土地纠纷多元化解决机制的运行程序

(一)英国土地裁判所裁判程序

土地裁判所有自己独特的裁判程序。《土地裁判所规则》(1996年颁布,并于1997年、1998年、2003年、2006年四次修订)适用英格兰和威尔士。目前,最新的裁判程序于2010年11月29日开始实施,并且还对上诉裁判所土地法庭建立之前的诉讼案件具有溯力。根据2007年法案第40节的任命以及裁判所主席的授权,裁判所工作人员可以行使有关的司法权力。裁决做出后,裁判所向当事人发出裁决通知。作为救济程序,当事人在收到裁决通知的14天内,可以申请指派另一名法官重新做出裁决。在诉讼程序中,如果因为某种情况使得裁判所对正在审理的案件不享有管辖权,或者其认为由其他法院来审理本案更为合适,那么裁判所可以将案件进行移交。此外,土地裁判所可以基于当事人的上诉做出指示,或自行做出指示。

土地裁判所的裁判程序主要包括申请①、确认和通知②、听证③、裁决。这里尤其需要说明的是裁决。裁决时实行对抗制。裁决时，裁判所必须详加考虑缺席裁决的当事人提交的意见。裁决还必须记录裁决通过的情况，即到底是一致通过还是多数通过。裁决由主持人签发，根据"多数决原则"做出的裁决应向社会公开，裁决要展开说理。此外，裁判所在审理案件过程中拥有较大的权限④。裁决做出后，当事人会被告知申诉的有关事宜，比如申诉权利、申诉时限和管辖属地等有关事项。当事人对裁决不服的，申请司法审查或者上诉两种方式以资救济⑤。行政职能主导的英国土地裁判并没有纳入司法系统，司法系统自然无从施加辖制。但事实证明，由独立的司法系统来施加辖制是非常必要的。其原因在于：(1)尽管裁判所适用的程序有益于解决土地纠纷，但裁判所本身不是司法机关，不具有司法的独立性。(2)组成裁判所的人员法律背景相对欠缺，虽然都行使司法职能，却存在较为悬殊的个体差异。(3)自由裁量权非常大，却很少受到外部约束。正是基于这种现状，裁判所开始有了司法监督。

司法监督体现在：一是赋予当事人对裁判所裁定的上诉权。二是监督裁判所的裁判行为。为了实现监督目的，上级法院既可对已经审理的案件重新展开裁定，也可以监督裁判所的职权范围及其程序是否合法。上述两种监督

---

① 申请人应按规定填写申诉表格，并将书面形式的申诉表格提交裁判所。申请书要载明申请人及代理人的姓名和地址，提起申诉的理由，并附有争议行政决定的副本等。申请人提出的申请超过时限，需说明理由，由裁判所决定是否延长申请时限。

② 裁判所登记员在收到申诉申请时，须向申请人发确认函。裁判所还要将申诉申请告知所涉及其他利益相关方。

③ 裁判所负责确定听证时间，并告知当事人。为了收集证据、了解情况，裁判所有权甚至可以传唤相关人员出席听证会。

④ 其权限包括：第一，土地裁判所可以制定其审理案件的程序，还可对程序管理和安排做出相应的指示。第二，土地裁判所还可以对法规和程序规定的时间做出延长或缩短的决定，即便期限届满也可以延长。第三，裁判所有权批准或者要求当事人修改文件以及提交文件、信息、证据或者意见书。第四，举行听证会。为解决争议、明确案情，土地裁判所可以举行听证会。听证会以公开为原则。裁判所均有权决定听证的形式和程序，听证是否中止、延期等问题。第五，举证责任告知。要求当事人或者证人为自己的举证宣誓。第六，在重新审查裁决期间，其有权暂停生效裁决的法律效力。

⑤ 王守智：《英国土地裁判及对我国的借鉴意义》，《河南国土资源》2006年第8辑。

方式起到了不错的效果。此外,通过《裁判所、法院和执行法》设立裁判委员会,目的在于促进并保证裁判所公正高效地运行。此后,监督整个裁判所体系、协调裁判所与其他纠纷解决机制的重任便落到了裁判委员会的身上。

裁判所委员会职能包括:(1)对裁判所的组织结构和日常工作进行监督,并提出相应的监督报告。(2)针对裁判委员会认为的特别重要的问题,开展调查研究并提出报告。(3)审查议会立法并发表意见。对与裁判所有关的国会立法,裁判委员会可以进行审查①。

当事人的上诉权,裁决一般会载明,当事人不服本裁决的可以上诉②。但上诉必须获得上诉法院的许可方可进行。并且,上诉申请期限仅有28天,从裁决做出之日起计算。当事人一旦成功启动上诉程序,土地裁判所的角色就转变为高级记录法院。此外,对裁决进行说理是法定义务,因为说理"是重要的,不能以模糊笼统的文字来搪塞"③。

尽管如此,上诉权的开放与否还是引起了很大的争议。支持者认为允许当事人上诉可以有效监督土地裁判所的审理行为,使其恪尽职守。反对者认为允许上诉会增加成本,不符合设立裁判所的初衷,也会致使法院案件量快速上升。但平心而论,民众虽然希望土地裁判所尽快解决纠纷,却仍旧希望保留上诉的权利。此外,囿于专业构成及其法律素养有限,土地裁判所往往无法对法律问题做出精准判断。总之,完全禁止或者完全支持上诉权的开放都有失偏颇。问题的关键在于如何寻找一条适宜的道路。总的来说,允许将有关法律问题的裁决提起上诉是比较折中的进路。这不仅可以避免时间和金钱的浪费,也能使最终的裁判尽可能符合法律的规定,符合英国一贯的法治传统。这

---

① 只是在对议会立法进行审查和发表意见时,只要该立法涉及苏格兰和威尔士,委员会必须分别咨询苏格兰委员会的意见威尔士委员会的意见。

② "ExplanatoryNotestoTribunals, Courts and Enforcement Act 2007", Office of Public Service Information(2007),Retriev−edon 2008−03−05."Paras.35−280".

③ 大法官莱恩勋爵认为"关于裁决理由的说明必须表明该裁判所已对当事人之间的争议点作了考虑,同时还必须说明其做出结论的证据。倘若证据之间存在矛盾,裁判所则应当说明其审查认定的结论。如果某一裁决没有适当的理由说明予以支持,就会被有关机关予以撤销或者发回重审。"William Wade&Christopher Forsyth. Administrative Law,2000,pp.918-919. 宋华琳:《英国的行政裁判所制度》,《华东政法学院学报》2004年第5辑。

一折中的方案被现代裁判所制度所继承并发扬。19世纪30年代左右,裁判所法案基本上都对可以上诉的裁定作了规定。因此,尽管各类裁判所的上诉范围并不一致,但不是裁判所受理的所有争议都可以上诉,应当是明确的。后来,人们逐渐认为裁判所的功能类似于陪审团,由其对事实问题的进行认定是最合适的,但对法律问题却不是如此,所以应该保证法律问题的上诉权。持这种观点的人士还认为,只要裁判所公正独立行使职权,多做细致调查,采用公正程序,裁定结果一般就是终局性的。因为漫漫的上诉之路足以使人望而却步,还不如接受大致公正的裁定。总之,以土地裁判所为代表的各类裁判所,对完善多层级的裁决和上诉体系起到了至关重要的作用,也因此深刻地影响了英国社会。

(二)美国马萨诸塞州土地法院的裁判程序

土地法院的《裁判程序规则》①一般适用于生效期间的所有案件。具体而言,土地法院的裁判程序主要包括以下几个步骤:第一,当事人缴纳诉讼费用和保证金。司法官负责保管保证金,诉讼结案时,多余费用一般应予返还。在特殊情况下,多余的费用将交付给州财务长。第二,证物保存。证物由司法官保存,一般以三年为期,三年期满,证物或没收或损毁。但证据是当事人或者律师提交的,则由本人处理。但应注意的是,一般情况下,共同提交的证据被认为是原告方的证据。第三,提出申请。无论是反对或者支持当事人所提出的申请,均应简单陈述其争论点、法律依据、论据和小结,否则法院将可能驳回申请。此外,不依据《裁判程序规则》提出的申请和反诉,将被驳回。第四,其他事项的申请。程序外的申请由法院备案。备案后,法院发出一个为期至少七天的通知,并确定公告受理申请的日期和时间。第五,解决披露争议。当事人应提前提出申请、尽可能达成共识,并不断采取措施促成争议解决。第六,请求披露的规则。第七,关于重新判决的申请。重新申请应在标题上清晰地显示。此时,最初审理此项申请的法官将获得相关的信息,以便决定是否重新进行判决。对重新判决的申请,法官可以不经答辩或审理就予以拒绝。第八,同意判决的协议。经过土地法院认可和批准的协议是土地法院的判决。听证

---

① 2005年7月1日生效。

不是土地法院批准协议的前置程序,因为法院有权决定是否听证。第九,确认法官。在当事人知悉承办案件法官信息的前提下,其随后递交的起诉状应按要求在合适的地方显著地标明法官姓氏或者首字母的缩写。

(三)我国香港地区土地审裁处的运行程序

土地审裁处具有程序简单、耗费低、效率高的优势,土地纠纷能够及时得到解决。《土地审裁处条例》赋予了土地审裁处较大的选择法律程序的空间,只要土地审裁处审理案件符合公正的司法原则。尽管如此,土地审裁处所适用的程序还是相对比较正规的。总之,土地审裁处具有便捷、高效的特点。在具体的制度运行上,土地审裁处一般遵循"申请—送达—答辩—聆讯—裁决"五步走的模式。其中,申请是土地审裁处开始法律程序的前提。提出申请的一方为"申请人",法律程序中的任何其他人都是"答辩人"。申请应以书面形式提出并列明救助的性质及理由。第二,送达。申请人在提交申请书之日起的第7天内,需将加盖土地审裁处印章的申请通知书副本送达答辩人。送达可以采用直接送达、邮寄送达等方式。第三,答辩。被申请人收到由申请人送达的申请书后,有反对意见的,应提交反对通知书,并在相应期间内将反对通知书送达申请人。第四,聆讯。第五,裁决。裁决既可以由一名法官或土地审裁处成员单独做出,也可以由两名以上土地审裁处成员做出。在这种情况下,就有可能出现偶数审判员的情况。为了解决偶数审判员审判带来的困境,《土地审裁处条例》第9条①规定了聆讯主持人的特殊权力。

此外,为了使土地审裁处有序审理案件,相关法律还规定了法律程序的中止和撤回程序。这相当于内地诉讼法上的"诉讼中止"和"撤诉"的概念。当事人申请"中止"或者"撤回"的理论根据在于处分权原理。但为了维护程序的平衡,申请中止或撤回程序的一方当事人,负有通知对方当事人的义务。土地审裁处在决定做出之日起一个月内有权复核其该决定,并重新做出维持、更改、推翻或者作废的决定,只要其认为理由充分。当事人申请和土地审裁处主动进行复核是复核程序启动的两个原因。但在程序上,当事人或者土地审裁处

---

① 该条规定:"行使审裁处司法管辖权的成员之间意见有分歧时,须以过半数票取决,如票数均等,则主持聆讯的成员有权投第二票或决定票"。

应发出通知,告知与原决定相关的各方当事人。如果土地审裁处决定进行复核,则在时间上不受一个月期限的限制。在复核程序中土地审裁处权限较大,为了查明事实以重新做出决定,土地审裁处可以收集其认为合适的一切证据。

土地审裁处的复核权并不是不受限制的,因为复核只能针对本决定进行,而不能影响其他决定。也就是说,如果将要启动复核程序的决定将涉及该土地审裁处的其他决定,或者复核程序最终的审核结果将事实上变动另一项决定的结果,则土地审裁处不得对该决定进行复核。此外,已经上诉的决定不得进入复核程序,除非该上诉程序已经被放弃。

在土地审裁处进行法律程序的任何一方,享有向法院提出上诉的权利。根据《土地审裁处条例》第11条,只要发现土地审裁处的判决、命令或决定有法律论点上的错误,任何一方均可上诉。因此可以认为,上诉审是"法律审"。土地审裁处做出的任何决定均可上诉。但也有例外:(1)确定政府应向申索人支付补偿额的决定。(2)对于向土地审裁处提交的任何上诉案件所做出的裁定。因为对这两个事项,土地审裁处的决定或裁定是终局的,当事人不再具有上诉的权利,《条例》第11条第1款对此有明确规定。

法律对当事人的上诉有严格限制。这些限制包括实体上的,也包括程序上的。就实体方面看,首先,上诉方式的限制。除非法律另有规定,当事人须以《最高法院规则》(第4章,附属法例)规定的方式提出上诉。其次,上诉条件的限制。当事人提起上诉,必须符合《最高法院规则》所规定的上诉条件。程序限制,即有意提起上诉的一方只有得到土地审裁处的上诉许可,才能向上诉法庭递交上诉申请。具体运作中,还存在一些差别:(1)如果要对非正审的判决、命令或决定上诉,则必须在其做出后的14天内提出上诉许可申请。在其他情况下,只能在有关判决、命令或决定做出后的28天内提出上诉许可申请。(2)对经过法律程序形成的判决、命令或决定,意欲上诉者须向各方提出上诉申请,并获得许可。(3)拒绝上诉申请的救济。如果上诉许可申请被土地审裁处拒绝,则有意提起上诉的一方可以在申请被拒绝后的14天内,再次向上诉法庭提出该申请。上诉许可申请被批准后,申请方必须在7天内将上诉通知书分别送至土地审裁处和参与法律程序的各方,以便让他们知晓相关情况,积极应诉。上诉通知书送达的7天之内,上诉人须向高等法院司法常务官提交一份加盖印章的土地审裁处判决或命令文本、一份附有理由的决定文本及两份上诉通知书。此外,土地审裁处或上诉法庭有权不受时间限制地延长上诉期限或申请上诉许可的期限,只要这两个期限已经届满。上诉许可申请或者上诉不能中断裁决和命令的执行①。当然,土地审裁处或上诉法庭另有命令的不在此限。

二、大陆法系国家农村土地纠纷多元化解决机制的运行程序

(一)法国农事诉讼调解前置程序

在法国,农事诉讼以调解为前置程序②。无法达成调解的,法官依法裁判,调解方案也不具有拘束力。此外,为了增加当事人在诉讼中达成和解的概率,法律规定了当事人的出庭义务③。也正是由于这些制度安排,调解充当了诉讼的加压机制,从而逐渐形成了独具法国特色的农事诉讼调解制度。诉讼程序简单、耗费较低的成本,是农事法院的优势。调解成立时,法院将制作调解书,调解书载明达成调解的具体内容。审判长和当事人署名的调解书具有约束力。比如,若当事人不服农事法院一审判决且其标的额在4000欧元以上的,可以上诉,标的额在4000欧元以下的案子实行一审终审,最大限度地确保案件尽快得到解决④。

(二)日本简易裁判所的小额索赔程序

日本简易裁判所对90万日元以下的小额民事案件享有管辖权。此外,还设有小额索赔程序,以便对标的额在30万日元的案件进行快速处理。调解程序是日本裁判所经常运用的程序,很多案件都可以由该程序来处理,比如农业经营用地纠纷、农地租赁和使用纠纷。此外,在日本简易裁判所调停过程中,

---

① 相关内容参见香港地区司法机构发布的《土地审裁处条例》。
② 《法国新民事诉讼法》第888条规定"在未实现和解的情况下,或者在一方当事人不出庭的情况下,案件推迟至法庭庭长向到场的当事人指明的期日开庭审理"。
③ 《法国新民事诉讼法》第131—14规定"未经诸当事人同意,调解人所做的认定及其收到的各项说明,均不得在随后进行的诉讼程序中提交或加以援用"。
④ 陶建国:《法国的特别民事法院》,《人民法院报》2013年9月27日。

还有一个听取佃租官陈述的环节。这一环节非常重要,对于了解土地租赁过程和纠纷的基本情况非常有益,也为解决纠纷和保护当事人权益提供了重要制度保障。

第三节 域外农村土地纠纷多元化解决机制对我国的启示

尽管国情不同、制度不同,但在社会发展过程中,各国和地区还是逐渐认识到了土地裁判机构的重要作用。在土地纠纷解决过程中,各国和地区依托不同的国情、区情取长补短,通过土地裁判机构的构建来推动农村土地纠纷的高效解决,从而最大限度地保障了农民权益和维护农村社会稳定。这一切都启示我们,在向现代农业转型的历史进程中,土地关系不能随意改变,对现有的农村土地承包经营关系,更要稳扎稳打地推进土地流转变革。这就要求我们,既要遵循国家大政方针,维持土地承包经营权的长期相对稳定,也要稳步推进土地流转,更好地发挥地力,推进农业生产和经营方式的转变,为农民权益和乡村振兴提供较好的农业基础。对于发生在土地流转中的各种问题,必须通过制度规范来切实解决,为保护农民权益提供制度支撑。就农村土地纠纷的解决机制来看,拥有专业的农村土地裁判机构是各国和地区的共同点。"他山之石,可以攻玉。"对此,本书认为域外农村土地裁判机构以下几方面的经验值得我们思考与借鉴。

一、注重农村土地纠纷多元化解决机制组织构建的本土化

放眼世界,相关域外国家或者地区均建立了专门的土地纠纷裁决机构,并制定了一系列与之配套的措施。例如,英国的土地裁判所、美国马萨诸塞州的土地法院和我国香港地区的土地审裁处等。以上凡是设置土地裁判所的国家和地区其具体的土地纠纷裁判制度虽然不尽相同,但是它们都具备一个相同点,也即一个共同的理念:保障人权、约束公权力,实现公益与私益、公权与私

权的平衡,追求公平效率。在此种理念之下的土地纠纷裁判机构具有很强的独立性,参与审理纠纷的法官或者裁判官具有高度的专业性,同时此类裁判机构同一般审判机关一样受司法机关的监督与约束。通过土地裁判所解决的土地纠纷均收获了良好的社会实效,有效缓解了因土地纠纷而产生的社会矛盾。

专门的土地纠纷裁决机构,是以上域外国家、地区土地纠纷解决制度最大的亮点,该机构具有很强的独立性,能够独立行使相关裁决权力而不受其他方面的影响,参与审理的法官或者裁判官均具有法律职业资格证或者相关土地管理方面的经验,由各方面的专家学者组成的裁判庭可以保证纠纷裁决的专业性。土地裁判机构在审理相关案件时遵循简便、便民的指导思想,严格遵循司法程序的要求,作出的裁决受到司法机关的监督。笔者认为,我国内地完全可以有选择地借鉴域外国家和地区在解决土地纠纷方面先进、有效的经验和模式,在内地同样设立一个专门化的土地纠纷裁判机构,专门负责解决本辖区的土地纠纷。有实例可证,在新形势下,2010 年 6 月,河南省新乡市国土资源局积极协调新乡市中级人民法院整合审判资源,设立土地审判庭,既为解决土地违法纠纷层出不穷等关键问题,也为有效化解公民之间、公民与政府之间因土地流转、征收、征用等产生的纠纷。该土地审判庭的设立可以有效保护国家、集体和个人利益,有效化解土地纠纷和缓解社会矛盾。

有权利必有救济,这是自罗马法以来便确立的基本公理。根据此法理,弥补我国现存制度的缺陷,弥合权利救济体系,以从根本上解决土地纠纷问题。首先,可以在既存的法院体系之外设立一个土地裁判机构,该机构是准司法单位。与此同时,可以为行政监督提供一个全新的解决方案。其次,用此专门的裁决机构来代替传统法院行使司法审判权可以有效降低司法成本,然而效果却有过之而无不及①。再次,建立该土地裁决机构,可以最大限度地解决行政系统内部监督和救济的非独立性问题。可以预见,此类土地纠纷的数量(数量多)、质量(行政专业知识性强)、制度成本效益分析(正相关)抑或基于及时有效解决此类纠纷对国家、社会和农民均具有显著意义。同样,在我国建立专门的农村土地裁决机构,无论基于现实的考量还是基于顶层制度设计,无疑都具

---

① [英]卡罗尔·哈洛、理查德·罗林斯:《法律与行政》(下卷),杨伟东译,商务印书馆 2004 年版,第 729~730 页。

有现实意义和可行性。

英国土地裁判所在解决土地纠纷、促进司法公正方面的作用不容小觑,且一直备受关注,因其典型性突出,也成为许多国家借鉴的对象。而且,来自法律人士的建议、社会文化和行为方式等共同构成土地裁判所适用的程序和技巧。此外,与其他法律程序相比,裁判所似乎更倾向于从道德层面开展价值判断与价值选择。裁判所制度对各种经验进行综合评价和审慎选择,最终形成了无与伦比的巨大优势。时至今日仍然是其不断取得突破和进步的源泉。这也就要求我们培养出面向实务本身的纠纷解决机构。

农村土地纠纷不同于一般的民事纠纷,由于其涉及的利益关系具有特殊性,因此需要予以重视。英法等国的实践告诉我们,通过建立符合自身国情的专门机构来处理土地纠纷,具有较强的适应性,也是值得我们反思和借鉴的。从中国现有的社会发展水平来看,土地还承载着国家稳定农村生产关系的使命,是国家治理的重要一环。通过考察国外和地区的情况,我们可以看到农村土地问题是一个重要问题,农村土地纠纷的特殊性使得其不同于一般的民事纠纷。笔者认为,将土地纠纷交由专门机构处理,不仅利于快速解决纠纷,也能有效平衡当事人权益,在机制构建和发展完善过程中,要坚持专业化的价值取向,推动纠纷的专业化解决。因此,结合当前我国实践,探索设立诸如土地裁判所等专门机构应当是具有现实意义的。在这方面,我国已经迈出了重要步伐,实施了农村土地承包仲裁制度。此外,结合我国农村土地仲裁实践来看,当事人出于纠纷解决成本的考虑,也应该是农村土地纠纷基层化解决必须思考的问题。

二、注重农村土地纠纷多元化解决机制运行的程序性和灵活性

从日本的实践来看,简易裁判所设置了小额索赔程序,法院与调停委员会的任意性衔接,确保了当事人民事纠纷解决效益的最大化。法国农事法院的实践是在诉讼程序中设置了调解前置程序,这个灵活性的程序设置,使土地纠纷得到更快捷和有效的解决。英国土地裁判所程序发展的实务性倾向,以及其适应社会发展变迁的灵活性。以上这些国家的司法实践都充分体现了土地纠纷解决过程中的程序性和灵活性,在这方面,我国应予借鉴。此外,任何纠

纷解决机制的运行都无法脱离特定国情,因此应更加注重对本国现有司法资源运用,适当对现有机制进行改造完善。就中国现有的实践而言,笔者认为在解决土地纠纷过程中,一方面要有效利用传统司法资源,如诉讼调解、人民调解和行政调解等在实践中已经行之有效的方式。另一方面,从完善纠纷解决体系的角度出发,还需要根据现实状况,构建专门的机构,设置专门的程序,在农村土地纠纷解决过程中注重程序性与灵活性并重,建立适合国情的新型纠纷解决机制,不断丰富完善多元化纠纷解决机制。

三、注重农村土地纠纷多元化解决机制的制度建设

通过上文考察可以发现,国外和地区土地纠纷解决机制明显的一个特点是纠纷解决机制有明确的法律规定,即真正实现了有法可依。此外,通过公力救济与私力救济程序的合理配置,当事人权利救济途径得以全面打通,较好地保护了当事人的实体权益和程序利益。这一点尤其应该引起我们的重视。因为目前,我国关于农村土地相关问题的立法还很不健全,一些基本问题仍然没有作进一步的探讨。比如,农村土地纠纷解决机制在设计理念忽视了农村土地纠纷本身的特殊性,更多注重解决纠纷本身却使得如何防范法律纠纷成为视觉上的一个"盲点",对农民本身主体性的认识缺位使得法律实施举步维艰,对政策的过分倚重导致法律更加难以执行……所有这些,都应当引起我们的思考,并拿出相应的方案来予以解决。此外,囿于当前农民的认知水平及存在于其内心的传统息讼观念的影响,强制推行法律手段仍旧会引发不少的问题。实践中农民维权和解决争端过分依赖村规民约,而漠视甚至规避了法律的执行。这些问题都不仅影响了现有立法的效果,也会进一步堆积问题。而破解困局的重要方法是完善农村土地纠纷解决法规体系,尤其是改善农村土地纠纷解决机制间的互动衔接,不断对纠纷解决机制进行改进。

第四章

构建我国农村土地纠纷多元化解决机制的模式选择

农村土地纠纷解决是指在农村土地纠纷发生后,农村土地的纠纷主体依据一定的规则和手段,消除冲突状态,以达到对损害进行救济、恢复秩序的活动。农村土地纠纷解决应更侧重于实现一定的目的。"机制是指本身由各组成部分构成,并且这些组成部分彼此之间存在着有机联系的一种自我调节,自我实现的复杂系统"①。所以,农村土地纠纷解决机制是指,为了解决农村土地纠纷而专门构建和完善起来的,各种互相联系与作用的机构、组织、制度、程序等共同构成的有机整体机制。它不是单一的而是由众多具体的纠纷解决方式共同构成。

第一节 构建以农村土地裁判机构为中心的模式

农村土地纠纷多元化解决机制构建的模式上,本书认为我们应从我国农村土地纠纷事件的特殊性以及纠纷解决机制的实际情况出发,构建以农村土地裁判所为中心,其他各种纠纷解决方式与之互动衔接的农村多元化解决机

---

① 周林:《法律行为的逻辑运行机制》,《法律科学》1999年第4辑。

制模式。农村土地裁判机构作为一个独立而专有的化解机构,旨在保证裁决过程不受各部的控制,专门保护农民利益,并在纠纷解决实践中发挥关键作用。

一、以农村土地裁判机构为中心多元化纠纷解决模式的内涵解读

(一)以农村土地裁判机构为中心

要进一步完善我国农村土地纠纷多元化解决机制,就必须设立专门的农村土地裁判机构,而农村土地裁判机构一旦设立,必可有效缓解并弥补我国现有的农村土地承包经营纠纷在行政仲裁制度理念方面的缺陷,通过整合修改,可显著降低解决我国农村土地纠纷的制度成本。调解仲裁制度是我国现有的解决农村土地承包经营纠纷的专门和主要的解决机制。笔者认为,主要原因在于农村土地承包经营纠纷仲裁制度存在理论上的缺陷。分而述之,农村土地承包经营纠纷仲裁制度主要有以下特点:机构设置和人员组成具有很强的行政性;仲裁程序的启动并不要求有仲裁协议,而只需要一方当事人为单方面申请即可;关于仲裁员的回避问题,当事人可以申请,但是却无权选择,只能由仲裁委员进行指定。仲裁庭作出的裁决并没有终局性,一方当事人对仲裁裁决不服的还可以向人民法院于法定期间内起诉。然而,在理论界普遍放弃了对劳动争议仲裁和土地承包经营仲裁的理论研究,且认为行政仲裁与行政裁决之间并没有什么不同,因此对行政仲裁制度的存废问题滋生了争议;另一方面,农村土地承包经营纠纷涉及面很广,数量又很大,以及相关仲裁不为广大纠纷主体所熟知的社会现实,便导致了农村土地承包经营纠纷的行政性尤为必要,然而民间性、协议仲裁的前提性、仲裁员的可选择性以及一裁终局和仲裁裁决的强制执行性作为仲裁制度的基本特征,显然难以适应我国现实,这就使农村土地承包经营纠纷仲裁的行政性与仲裁性势不两立。因此,不具备仲裁制度显著特点的农村土地承包纠纷"仲裁"还能否称之为"仲裁"也已存在理论质疑。正是这种理论上的尴尬和混乱使这一专门的农村土地承包纠纷解决机制在制度设计和实际操作上均出现无所适从,并最终影响其应有功能作用的发挥。因此,本书研究主题也即设立专门的农村土地裁判机构恰恰可以弥

补农村土地承包仲裁制度的上述缺陷。

所谓专门的农村土地裁判机构的行政性特点是指,具有农村土地方面相关行政专业知识以及审理案件便捷、灵活、迅速的行政裁判程序和手续简便、费用低廉。此特点可以显著缓解农村地区因土地征收而导致的行政诉讼司法救济途径的不足。如前所述,诉讼作为公民捍卫自身权利最有效的武器,赋予相关主体以行政诉权实有必要。同时,诉讼为实现高标准的司法公正而必然要求正规、严格的程序,而农村土地征收案件又具有涉及面广、专业性强和数量多、比例大的特点。此外,手续简便、费用低廉作为专门行政裁判的制度优势,也与我国当前农民的经济承受能力相适应。笔者认为,基于历史的考量,中国的农业和农民在社会主义建设时期为实现工业化所做出的特殊牺牲和努力,农民并没有充分享受到国家改革发展的红利。因此,对于因土地纠纷而诉诸法庭的案件应该降低免、减、缓交案件受理费的标准,这也体现了新时期国家政策和司法资源向农村倾斜的体现,因此有利于促进农村地区以致整个国家的社会主义现代化法治进程。

所谓专门的农村土地裁判机构的司法性特点是指,农村土地纠纷裁判机构在机构上具有相对独立性、行政裁判程序上的准司法性,以及裁判客体的行政争议和民事纠纷的一体性,凭借这些特点可以有效弥补因农村土地征收而产生的纠纷在行政系统内部法律救济的途径。众所周知,当前内部救济程序主要有行政复议、行政裁决和行政监察。此三种救济制度与笔者所倡导的农村土地裁判机构制度虽然都属于行政司法制度,但是所不同的是这三种制度在机构设置具有行政隶属性和一体性,以及行政裁判程序的形式化和弱化,决定了这三种制度不可能达到行政裁判制度那样高度的司法性,最终肯定会减弱该制度实现社会公正的目标。农村土地裁判机构在设置上与行政系统相对独立,由此便可以减少其受行政不当干扰和影响的程度,同时辅以与法院类似的准司法判决程序,便可以显著增强其解决纠纷的公正性。除此之外,行政复议的裁判客体仅限于行政争议的解决,行政裁决的裁判客体仅限于民事纠纷的解决,而行政监察客体则主要是通过对国家公务员的违法违纪行为给予行政处分并相应地提出监察建议。但在农村土地征收纠纷中,行政争议和民事纠纷常常混杂在一起,所以在某些时候两类纠纷很难划清界限。如农村土地征收补偿纠纷中,同时存在因土地行政机关违反法定征地补偿程序的行政争议,以及农村集体经济组织内部有关征地补偿款的分配比例和分配方式的民事纠纷等,关于以上两种纠纷如果采用行政系统内部的法律救济途径则至少需选择两个机构、两种方式和两套程序。但如果设立专门的农村土地纠纷裁判机构依托专门的农村土地裁判制度,则集行政争议和民事纠纷于一体,将这些纠纷集中于一个专门机构解决,省时省力,且又符合处理案件的客观规律,有利于农村土地纠纷的迅速、及时和彻底地解决[①]。

(二)坚守多元化的纠纷解决价值理念

只要有纠纷存在,就要设法寻找纠纷解决的方法,而在实行这些方法的过程中就需要运用到一定的工具。所以说,当我们把这些方法和工具综合起来一起就构成了纠纷解决的机制。当然这个"综合"却不是一般意义上的简单堆砌或排列,而是一种具有规律性和有机联系的逻辑体系[②]。范愉教授认为:"纠纷解决机制,是指一个社会为解决纠纷而建立的由规则、制度、程序和组织机构及活动构成的系统"。较为狭义的纠纷解决机制,通常是指国家通过相关法律法规构建的、由各种正式或非正式制度程序组成的综合性的解决纠纷体系;而广义的解决纠纷体系不仅有国家建立的机构,还包括一些特定的非制度化的、临时性、个别性的纠纷解决方式,甚至还包括一些民间社会自发形成的各种私力或自力救济。多元纠纷解决机制在面对所处理纠纷时,强调以一种综合的视角去认识解决,研究诉与非诉、公力与私力以及社会救济间的良好配合。多元纠纷解决机制构建的目的主要是平衡冲突各方的利益,把纠纷所产生的现实和可能的社会风险与危害降到最低程度,同时努力降低纠纷解决的成本消耗,不断提升纠纷解决的实际效果,使司法的公正和社会的和谐能够形成有机契合的整体。通常来说,纠纷解决机制的要素构成主要包括三个方面:纠纷解决的机构,亦称为解纷的主体;纠纷解决所依据的制度规则;纠纷解决的具体方式(常见的协商和解、调解及裁决)[③]在人类社会不同的历史发展时

[①] 王文英:《农村土地征收行政法律问题研究——兼论农村土地裁判所的建立》,中国政法大学硕士论文 2004 年,第 87 页。

[②] 赵旭东:《纠纷与纠纷解决原论——从成因到理念的深度分析》,北京大学出版社 2009 年版,第 61~62 页。

[③] 范愉:《纠纷解决的理论与实践》,清华大学出版社 2007 年版,第 81 页。

期,都应有不同的机制解决纠纷。社会关系的多样性,使解决纠纷的方式方法也多元化。一种多元化的纠纷解决体系是由不同的解纷机构、方式或程序等共同构成。因而,构建与之相适应的农村土地纠纷多元化解决机制路径选择就必然树立多元化理念。

1.国家与社会治理背景下的多元化

随着经济发展,我国的产业发展也朝着日益多元化的趋势走,各种社会矛盾日益凸显,经济需求更加旺盛,纠纷越来越多,这样的情况使得诉讼压力增大,因此多元化纠纷解决方式不仅仅可以满足当事人的需求,同时也能够顺应我国司法实务的发展,缓解案子集中在法院的压力。多元化纠纷机制这个概念既是和谐社会的追求亦是司法制度发展的最优的价值选择。选择通过多元化纠纷解决方式解决纠纷符合和谐的理念,通过较为缓和的方式来达到理分两面、事求终局的共同目的。如今,我国"诉讼爆炸"的征兆已初步显现。面对日益增多农村土地纠纷案件,很多案件无法得到及时的化解,对社会的稳定和和谐构成了严重威胁和隐患,通过诉讼这种单一的方式解决数量急剧增加案件已经难以实现。所以我们要将眼光放开,着眼于多元化的纠纷解决方式。但是注重多元化纠纷解决方式并非是否认传统诉讼的功能与在社会中的效果,相反,传统诉讼与其他方式都是多元化的组成部分,在功能上有互补的效果,在构建非诉纠纷解决方式的同时,也要注重其他方式与传统诉讼的衔接问题,无论从制度本身还是程序安排都必须科学合理地设计。二者的衔接可以从两个方面进行概括,首先一定要重视司法对诉讼外纠纷解决方式的监督问题,其次要给予诉讼外纠纷解决方式足够的空间,要求司法对其予以足够的尊重和支持。比起诉讼外纠纷的解决方式,诉讼经历时间长,程序烦琐,其成本也往往大于当事人预期。在此理论基础上,通过对诉讼外纠纷解决方式的研究来对我国农村土地纠纷的解决方式提出实际的构建。

目前,与西方现代意义上的市民社会相比,我国大部分农村地区仍然是较为封闭的熟人社会。农民在发生纠纷时会考虑舆论的影响以及社会评价等因素从而选择不通过诉讼方式解决纠纷。现有的以诉讼为主的解决机制实际上对于农村土地纠纷的解决是远远不够的,那么就需要快速构建起能够适应我国较为独特国情的农村土地纠纷 ADR 机制来充实解决农村土地纠纷的不足。但农村土地 ADR 机制与现在推进的诉讼机制的法治战略,在法治国家、法治政府以及法治社会建设的伟大构想中并不冲突。因为,农村社会是一个"熟人社会",在构建时不仅仅要考虑如何能够快速地化解纠纷,还要考虑到纠纷化解后对于维持农民固有的社会关系会产生怎样的影响,这样看来,如果成功构建农村土地 ADR 机制,使其拥有程序上的非正式性、解决过程的非对抗性等特征,则比起诉讼 ADR 将更加灵活和"接地气",真正能够做到既能促进农村土地纠纷的解决又能够维护农村居民的宏观利益①。

2.历史传统观念影响下的多元化

无论是从唐代的农村土地多元纠纷解决方式还是到明清时期的地缘纠纷解决制度,都可以得出一个重要的启示:中国传统价值观念应当充分贯穿到农村土地多元化纠纷解决机制当中去,这样才能从根本上对纠纷予以化解。当前多元化纠纷解决方式十分重视对自愿原则的适用,其优点是显而易见的,在自愿的基础上,脱离了严肃的诉讼和审判,更多的是当事人之间的沟通与交流,使得处理的结果更富有人情味,更容易为双方当事人所接受。就现实而言,注重情理与教育的作用,用非对抗的形式和婉转的说辞缓解双方当事人的对立;从长远来看,有利于当事人之间关系的修复,促进以后的和谐共处;从政策上看,符合当今依法治国与以德治国的理念,将道德与教化贯穿于对公民权利与义务的宣传当中去,也是维护国家稳定,促进和谐的有效途径。

在西方,人文气息没有我国浓厚,其认为社会最佳的环境应当是"陌生人社会"。故法治的水平越高,其社会就越容易在相对模式化,严肃性的法治环境下趋向和谐和稳定。而我国的厌讼观念根深蒂固,人们之间社会矛盾的化解通常并不乐意通过诉讼的方式予以解决②。虽然诉讼对现代社会而言是相对有效、可靠的途径,然而在农村目前的现实情况下,并不适合完全以诉讼的形式来解决纠纷。虽然在改革开放的过程,农村地区已经发生了更大的变化,对诉讼的态度方面也有了一定的改变,但是不可否认,浓厚的乡土气息、基于血缘的"熟人社会"仍然是农村的特点,在客观上导致了诉讼推广的困难。与西方的"陌生人社会"显然不同的一点在于,公正仅是结果的要求之一,并不是

---

① 孙文忠:《底层视角下的农民环境维权》,《华南农业大学学报(社会科学版)》2014年第4辑。

② 李栗燕:《化解基层社会矛盾纠纷的法律机制研究》,社会科学出版社2013年版,第19页。

全部的结果要求,人际关系的修复以及人文环境的稳定也是当事人所要追求达到的目标。诉讼以其较高的复杂性、不菲的成本、较长的时间消耗,以及较强的对抗性使得其注定不会在农村环境中对土地纠纷解决起到主流作用。

3.在纠纷多元化解体系中的多元化

从前文论述的农村土地纠纷事件的特殊性可知,在我国,农村土地纠纷不仅是一种纠纷,农村土地纠纷是否能得到解决不仅影响到涉案的个人主体,还会牵涉到社会,乃至国家。所以,农村土地纠纷多元化解决机制的构建,作为纠纷多元化解体系中的一部分,而具有独特意义。

农村土地纠纷解决机制多元化的建立首先来源于利益的多元性和冲突的多元性,人类社会本来就是一个复杂多样的利益整体,人类的天性使得人与人之间的冲突主要表现在复杂的利益冲突,由于引起冲突的各个要素的不同,导致冲突的性质、形式和激烈程度也不尽相同,所以需要结合复杂的社会情况来"因地制宜"的解决冲突。当前农村经济发展作为国家经济发展的重点,伴随着经济改革模式的推行和深入,在农村社会里,各种新型的关于土地的纠纷层出不穷,矛盾伴随着改革的深入而渐增,各种农村土地利益冲突与新的农村土地纠纷类型不断出现,广大人民群众也在农村经济的发展中探寻减少矛盾和冲突的良方。复杂的农村经济发展情况以及庞杂的农村社会利益网络,使得农村土地纠纷解决的难度很大,农村土地纠纷解决也需要更多元化的解决机制来实现。另外,社会主体关系是多元化的,人与人交流,首先在于身份,一个人角色的复杂性构成一个人复杂的关系网络,在此基础上的社会关系更为复杂多样。美国学者布莱克将社会关系中的横向关系称为关系距离,其依据是分工、亲密度和团结性等人员分布状态的普遍变量。他认为关系距离与法的变化存在曲线关系:在关系较为亲密的社会群体中,尽可能少地以诉诸法律和诉讼的方式解决纠纷,当关系越来越疏远时,法对社会关系的作用也逐步增大。根据关系距离的亲疏远近可以对法的形态和样式进行解释和预测:控告式法律(诉讼)与关系距离成正相关变化,而补救式法律(和解、调解)则与关系距离成负相关变化[①]。社会主体之间在利用法律和诉讼的频率上很大程度上

---

① [美]唐纳德·布莱克:《法律的运作行为》,唐越、苏力译,中国政法大学出版社2001年版,第47~56页。

是他们之间关系的亲疏远近的反应,同时决定了不同的纠纷解决机制是根据社会主体必然根据关系距离的不同而设计出的。最后,纠纷解决方式的多元化和个人价值追求的多元化。由于社会主体所经历的社会环境等因素各不相同,社会主体的价值观有很大的差别,当事人追求的纠纷解决的目标有很大的差异,标准也不尽相同,抑或是公平,抑或是正义。协商理论是指在依据法治理念的前提下和基础上,提倡当事人之间通过相互交流沟通、通过价值观求同存异的方式运用协商的方式解决农村土地纠纷。当前我国正在进行农村经济体制改革,对农村进行社会主义市场经济建设,各种社会资源和资本往农村转移,使得本来就复杂化、多元化的农村社会环境和经济环境更加复杂多元,农村的各种土地矛盾越来越突出。当前的问题在于农村地区现有的司法资源相对匮乏,司法服务水平底下,还不能满足当前农村日益增长的对于农村土地纠纷解决的需求,而且鉴于农村熟人社会中复杂的社会环境,通过诉讼方式解决农村土地纠纷未必就是最好的或者唯一的途径。熟人社会其实固有一套自身的纠纷解决机制,即使是在当前法治建设蓬勃发展的时期,这种纠纷解决机制依然发挥着很大的作用,因而要根据农村社会实际情况和纠纷解决经验培育农村社会自我解决纠纷的能力。社会纠纷的及时解决可以更好地维护社会稳定,这是司法追求的目标,多元化的纠纷解决机制同样也可以达到司法追求的效果。根据现有农村土地矛盾纠纷解决经验,通过调解等非诉方式解决纠纷是化解农村土地矛盾纠纷的重要方式,要在诉讼化解社会矛盾的基础之上,把社会调解、司法调解、政府调解和仲裁等优势结合起来,充分运用社会各种资源,调动社会各方面的积极性来调节经济社会关系,减少司法压力,节约司法资源,环境社会关系,促进社会和谐。司法是纠纷解决重要方式,但是限于复杂的人际关系,司法有它自身的局限性,它始终代表不了其他的纠纷解决方式。在现代法治社会中,探求多元化纠纷解决机制,完善诉调衔接等纠纷解决机制的立法,已成为当前纠纷解决方式的必然要求,纠纷解决方式必定要符合社会发展水平的需求和人民群众的心理预期①。

探索农村土地纠纷多元化解决机制已经成为当前农村经济改革中的必

---

① 朱深远:《坚持发展枫桥经验,努力构建矛盾纠纷多元化解机制》,《首届海峡两岸暨香港澳门司法高星论坛论文汇编》。

然,有效的纠纷解决方式可以在更大程度上扫清农村经济建设的障碍。因此,要进一步拓宽纠纷解决渠道,尽快完善在农村土地矛盾纠纷中的多元化纠纷解决机制。尽管目前我国的多元化纠纷解决机制的雏形已经基本形成,但是还有诸多地方需要进一步完善,在现有的纠纷解决方式中,行政机关、司法机关、人民调解委员会等作为纠纷解决主体起主导作用,除此之外我们还应该积极调动社会各方面有利因素,充分发挥公益组织、民间组织、社会团体、中介机构的积极性,使他们积极参与到纠纷解决中来,同时,也要在乡村社会群体中,建立和培养懂法律、通政策、知民情的调解力量[①]。

二、以农村土地裁判机构为中心多元化纠纷解决模式的基本功能

人类社会的发展会面临诸多矛盾,为了恢复良好的社会秩序状态,通过多种途径解决纠纷成为了必然。在人类发展的不同阶段,都有不同的纠纷解决方式,随着社会文明的进步,人类也在积极地探索更加理性文明的纠纷解决方式。纵观历史,纠纷解决从一个刚性富有强制力的方式正在向柔性的更为大众所接受的方式转变。复杂的社会,所需要的纠纷解决方式也是多样的。农村土地纠纷多元化解决机制的状态直接影响农民社会生活的质量和社会秩序的和谐稳定及发展。农村土地纠纷的解决就离不开一个效率、公平正义和以人为本的纠纷解决机制,这也是它的功能所在。

(一)充分协调和衔接多元化的农村土地纠纷解决方式

法院作为国家司法机关,在多元化的纠纷解决机制中的作用还是进行组织协调和监督,为社会的自我治愈,为私人之间的纠纷解决通过程序性的设置提供制度性的规范。司法机关以其权威性和公信力来确保人民调解权威的形成,通过间接方式实现对纠纷解决的把控。法院应该在实现自我职能的基础上,充分对各种纠纷解决方式进行协调,通过功能上的衔接与整合,对非诉纠纷解决主体予以必要的指导与监督,实现引导中的指导和支持中的监督。同

---

① 张祖明:《论浙江枫桥民间调解及其启示》,浙江工业大学硕士论文 2013 年,第 16~17 页。

时，法院应该积极地保障其他纠纷解决机制的运行，鼓励和引导多元化纠纷解决机制发展与完善，并通过必要的手段和激励机制，促进非诉讼纠纷解决机制的发展。通过制度的设计，促成人民法院积极主导、融入多元化纠纷解决机制之中，实现整体联动，功能互补。在统一的司法权的大前提之下，尽可能多地实现各纠纷解决方式之间的联动，实现有机结合，以满足社会不同主体和不同情况的需要。在具体的民事纠纷解决过程中一方面要严格遵守法律的规定，另一方面要充分尊重当事人的处分权与合意，让当事人有更多选择。在建立多样化的处理民事权益纠纷的机构的基础上，对民事纠纷的处理实行分流①。

（二）培育纠纷解决机制的自治性以发挥其社会功能

民间纠纷解决机制一方面对纠纷的解决有很好的作用，另一方面，它在某种程度上可以定义为农村社会秩序的自我完善和自我治理，它在维系社会关系，凝聚社会力量的功能是强大的。多元化纠纷解决机制应该囊括以国家强制力为代表的司法解决纠纷的方式和社会自我修复纠纷的纠纷解决方式。立法通过文本的形式将在实践中发展较为成熟的诉讼外纠纷解决机制加以认定，进一步提高非诉纠纷解决机制在群众心目中的权威，也可以更好地推动非诉纠纷解决方式规范化和制度化的运行。深化纠纷解决制度改革，强化司法对非诉解决纠纷方式的指导和保障。针对民间自治机构的特性，建立多元化和专业化的纠纷解决机构。在这一点上，可以借鉴域外的一些经验，比如农村土地承包经营权确权纠纷化解中心，土地承包经营纠纷仲裁机构等，不断完善组织网络体系。随着社会进步，农村土地矛盾纠纷迅猛增加，仅仅依靠法院是不够的。因此，我们必须加强专业调解组织、仲裁机构以及其他农村土地纠纷化解机构的建设，以完善农村社会的服务功能，真正使基层调解组织、仲裁机构等专业的农村土地化解机构能解决农村土地纠纷的实际问题。

（三）确保农村土地纠纷解决的公正效率

不管是东方社会还是西方社会，公平正义一直都是人类社会追求的目标。公平正义是抽象的，人类心中所追求的可以是一种理念，也可以是一种思想。

---

① 江伟：《中国民事诉讼法专论》，中国政法大学出版社1998年版，第310~313页。

同时公平正义也是具体的,在不同的历史条件下针对不同的具体事件,公平正义的内涵也是不同的,公平正义也是相对的,因为社会环境的不同有其局限性,会受到社会各方面因素的制约。一千个人眼中有一千个哈姆雷特,正义也是如此。所以,我们要具体地,历史地,实事求是地来看待正义问题。经济的发展需要社会稳定,充分实现司法正义和纠纷解决维护社会的稳定秩序。利益机制的构建需要在正义的理念指导下进行,利益的追求是有限制的,必须在划定的一亩三分地内进行,逾越了界限就会造成矛盾。以公平正义理念为支撑才能建立符合民众呼声的纠纷解决机制。在社会分配领域要让社会发展成果分配给所有人,劳有所得,切实增加农民收入,让其安居乐业,享受社会发展的红利,是妥善化解农村土地纠纷的重要前提。当前农村经济建设过程中,农村土地矛盾纠纷的数量增多,是社会发展的正常现象,发展就会有矛盾,以公平正义的手段化解农民土地纠纷是农村经济建设的重要课题。农村土地纠纷的解决不是靠压制、掩饰,要立足于经济建设的实际和农民的切实需要,在平衡社会各方利益的基础上,寻求最佳的解决方式,及时发现并且制止矛盾。在正常的社会秩序状态下要积极做好矛盾预防工作,完善纠纷解决机制,在矛盾出现后,及时解决矛盾,实现最广泛最充分的社会正义。农村土地纠纷化解机制的内容是丰富的,是一整套的纠纷解决手段。不同的具体纠纷解决方式之间应该相互配合,不同主体不仅要用自己的方式化解纠纷,也要与其他方式相互配合,互相衔接,通过多层次,多途径的纠纷解决方式满足不同利益主体的需要,充分提高纠纷解决效率。

(四)坚守以人为本的理念

文艺复兴运动以来,人类社会的关注点逐渐地放在人本身,目前人文主义理念已经成为整个社会追求的目标,人类在追求发展的同时,关注人类自身的生存环境和思想意识,倡导以人为本的发展理念是进步社会的标志,也是和谐社会的要求。科学发展观的核心是以人为本,因此要将发展的视角放在人本身,将人置于发展的主体地位,生产力的发展到最终应该是人本身的发展,一切生产和社会实践都围绕着人进行。充分满足人的需求,保障人的权利,是社会主义现代化建设的目标,全面建成小康社会的关注点也应该在人。我们身处于高度发展的法治社会,在法治理念之下,每个人的生存和发展的权利应该能够得到充分的保障,社会个体可以在法律的框架之内充分自由的发展。当前我们追求高质量的发展,更应该关注人本身。我国是一个农业大国,农民农业问题繁重复杂,尤其是涉及农村土地纠纷问题,更是农村发展质量的关键问题。如何满足广大农民的切身利益,如何让广大农民更多更好地享受改革发展的成果应该是一个重要的课题。而农村土地纠纷解决机制的本质关注点就在于积极化解农村土地纠纷,维护农民权利,推动农村经济健康发展。农村土地纠纷多元化解决机制的多元化解决方式可以从纠纷主体的利益出发,提供更多的自由选择空间,让他们可以根据自己的需求选择有利于自己的解纷方式,并使各个解纷方式之间可以科学有效地衔接,为广大农民在解决农村土地纠纷过程中提供省钱省时便利的解纷途径。总而言之,整个机制的设置和运行处处坚守以人为本的理念,始终维护农村土地纠纷主体的合法权益。

第二节 构建以农村土地裁判机构为中心多元化纠纷解决模式的正当性分析

综观我国目前存在着包括调解、行政裁决、仲裁、和解和诉讼等多套解决农村土地纠纷的配套措施,然而,事与愿违的是由于部分土地纠纷未获妥善解决而引发的社会问题仍然层出不穷,影响了社会主义和谐社会建设的步伐。以纠纷矛盾比较尖锐的农村土地征收纠纷为例,由于征收纠纷案件的法律关系往往兼具行政法律性质和民事法律性质,由于目前我国的司法机构设置以及现行行政复议制度本身的制度性缺陷也大大减弱了解决该类纠纷的功效,究其原因就在于我们缺乏一个专门的、独立的解决土地纠纷的裁判机构。笔者通过阅读大量相关文献发现,欲解决农村土地纠纷问题完全可以借鉴参考上文所论及的相关域外国家或者地区解决土地纠纷的制度。其中,英国的土地裁判所制度和我国的行政复议制度具有一定的相似性。因此,我们可以借鉴英国的土地裁判所制度,毕竟他山之石,可以攻玉。综上,笔者认为,立足于我国现存的农村土地纠纷机制,同时有选择性地吸收借鉴域外发达国家和地区的相关成熟经验,定可以发展出一条适合我国当前国情的,具有中国特色的农村土地纠纷解决机制。坚信农村土地裁判机构为中心的农村土地纠纷多元化解决机制的构建,必能从根本上解决我国农村土地纠纷问题。

一、构建以农村裁判机构为中心多元化纠纷解决模式的必要性

(一)社会转型期农村土地纠纷解决方式多元化需求的必然要求

社会纠纷复杂化、多元化,农村社会纠纷更因其复杂的社会环境,要求多元化的纠纷解决方式;由于农村土地纠纷解决与制度供给之间的不平衡产生的供需矛盾,农村土地纠纷多元化解决方式由此产生,因为制度供给的种类和规模与多元化机制的发育发展程度有很大的关联。健全完善的制度供给可以适应复杂多变农村土地纠纷解决方式的需要。社会转型,普遍存在于城市及广阔的农村社会,从而使广大农村社会呈现出一种多元化的景象:文化价值观的多元化、利益需求和权利观念的多元化、权利实现途径的多元化以及当然产生的权利冲突的多元化、纠纷内容和形式的多元化等。多元化的矛盾和冲突,使得社会主体对纠纷解决方式产生着多样性的需求。单靠传统农村社会中自发生成的非正式纠纷解决机制已无法满足社会主体对纠纷解决手段多元化的需求;利益纠葛的多元化和陌生人之间的利益关系催化了具有普遍性、一致性、程序性和国家强制性的正式纠纷解决机制的产生,为满足当前农村社会主体对纠纷解决的多元化需求,正式和非正式纠纷解决机制的紧密对接、协调共存是必然的发展趋势。

(二)有效解决农村纠纷和维护农村社会稳定发展的必然要求

农村土地纠纷多元化解决机制的构建既是建构和谐社会秩序的必备要素,又对社会主义和谐社会秩序的形成发挥着重要作用[①]。在我国发展新农村和城乡一体化的背景下,农村土地纠纷的新类型大量涌现,所涉及农村土地

---

① 杨德敏:《农村多元化纠纷解决机制建构的价值、可能性与路径选择》,《清远职业技术学院学报》2013年第5辑。

纠纷主体也呈现多样复杂的特性。然而,现有的农村纠纷解决机制在应对这些新型农村土地纠纷显得较为吃力,甚至出现难以解决的现象。由于一些土地纠纷较复杂,解决不及时,效果不明显,成为我国当前阶段影响农村社会发展稳定的重要不确定因素。由于法律自制定出来便具有滞后性的特性,相应的行政部门运行机制也具有滞后性,合理的运行机制的出现必定要耗费大量的人力物力,制度完善的效率也成为国家法制部门关注的重点,机制的不完善严重限制了农村土地纠纷解决的效率。如何在制度效率与矛盾解决效率之间寻找一个平衡点也成为了现阶段农村土地纠纷解决机制构建的重要课题。及时化解农村土地纠纷矛盾,促进农村社会公平和正义,维护农村社会稳定发展是农村土地纠纷多元化解决机制的构建根本目的和重要的价值体现。

(三)实现农村土地纠纷解决方式互动衔接和相互协调运作的必然要求

随着利益主体多元化的增多,多元化的纠纷解决方式成为必要。当前我国农村的纠纷解决方式主要包括协商、调解、仲裁、行政裁决、诉讼五种。在针对农村土地纠纷的解决过程中,我国现有的解决机制也暴露出了各种纠纷解决方式各行其道、有失协调的不足之处。因此,我们需要构建科学有效的农村土地纠纷多元化解决机制把现有的各种农村土地纠纷解决方式进行重新整合和优化,并使之互相补充,从而促成农村土地纠纷多元化解决机制的整体构建。构建农村土地纠纷多元化的解决机制,其实就是建立一种相互协调的纠纷解决机制,通过各种解决方式之间的分工,强化相互联动,以实现多元化之间的互补和协调。对症下药可以充分地调动各方作用,充分提高纠纷解决效力。土地纠纷有其复杂性,有些相对简单的土地纠纷,可以运用传统的方式,通过和解协商解决;而有些农村土地纠纷由于涉及的专业性比较多,法律关系比较复杂,就需要寻求有关机构和专业人士的介入调解。通过分类处理,相互联动的纠纷解决方式,将各种纠纷解决方式的潜力最大化的运用,可以在纠纷发生的第一时间充分解决纠纷,满足不同利益主体的需求。农村土地纠纷多元化解决机制的建构是克服、缓解正式纠纷解决方式和非正式纠纷解决方式各自内在的缺陷,实现各种纠纷解决方式的有效配置,以使各种农村土地纠纷解决方式能有效互动衔接和相互协调运作的必然要求。

二、构建以农村裁判机构为中心纠纷多元化纠纷解决模式的合理性

我国自改革开放以来,特别是农村税费改革及城市化工业化的迅速发展,农村土地逐渐走俏,价值不断增长;因农村土地权属、承发包、流转、农村土地征收等引发的争议也呈现出增长态势。农村地区是典型的熟人社会,而农村土地问题又是广大农民赖以生存的基础,因此有关农村土地的纠纷往往牵涉面很广,处理起来甚是复杂,一旦有所纰漏就很可能酿成巨大的社会问题。同时,我国目前的农村土地纠纷解决系统并不完善,一旦纠纷发生,并不能提供及时有效的救济。尽管我国已开始重视此一类问题,从立法、司法、行政等方面多管齐下,初步建立了农村土地纠纷解决机制;但是,既有的农村土地纠纷解决机制仍然存在着不可忽视的制度性缺陷;最重要的是顶层设计的出发点是好的,但是却由于各自为政的现象,导致在各种制度之间无法形成完整的闭合系统,在此制度与彼制度之间出现了真空地带,而问题便在此滋生、繁育。在调查中发现,每年我国都会因农村土地征收补偿纠纷而引发大量的上访、信访等社会问题,这也就表明农村土地纠纷并没有和制度的制定者所预想的获得完美解决。可见,设立专门的、统一的农村土地裁判机构,实乃迫在眉睫。

基于当前我国内地农村地区土地纠纷频发且难以解决的实际,以及对英国的土地裁判所、美国马萨诸塞州的土地法院和我国香港地区的土地审裁处这样专门的土地纠纷裁决机构的借鉴,尝试以专门机构为中心的多元化纠纷解决机制模式选择。在我国内地可以设立农村土地纠纷裁判机构。一方面,农村土地纠纷裁决机构必须是一个保持中立的机构,独立于行政机关和司法机关之外,在人事和财务上具有独立性,裁决机构的工作人员能够真正公平、公正地做出裁决,保证做出的裁决的公正性。另一方面,农村土地纠纷裁决机构的裁判官由具有从事法律职业资格的人员和在土地管理者其他相关领域具有丰富经验的人员共同担任,保证做出结果的专业性。

(一)有利于提高农村土地纠纷解决的效率

裁决农村土地纠纷是农村土地裁判机构的最基本职能。与法院司法审查权相左,在审查行政决定时,农村土地裁判机构不只是裁决某项决定是否合

法;与行政监察员相区别,不仅仅关注结果是否公正。农村土地裁判机构不仅仅关注法律问题、事实问题和政策问题,还可以用裁决来替代最初的决定。农村土地裁判机构设置比较简单,处理纠纷的程序也比较简易,解决纠纷的成本也相对低廉,排除了其他因素的干扰,在解决纠纷上会更加专业化。使其成为除司法之外解决纠纷的重要补充。总之,农村土地裁判机构不受政治的影响,可以独立做出裁决,高效地调处了公共政策与法律原则的冲突,提高了土地争议解决的效率。

(二)有利于平衡公共政策

农村土地裁判机构"非法律专业"的最大好处在于,它一方面可以保持决策的连贯性,另一方面更有能力通过对法律规定现实状况的解释分析和法律对当今社会变化的反映,从长远的方面给予法律制定的背后政策以影响。知识型非专业人士作为裁判人员,可以跳出法律的束缚,从法律之外来预见他们的决定,因此可以更好地避免决策中潜在的异常和不一致①。此外,土地裁判所可以根据实际情况,排除对先前的决定或者先例标准的适用,使其每一个案件的解决都根据特殊的事实来进行。

本书认为,农村土地裁判机构的构建将为人们提供诉讼之外更多的可选择的救济方式,使纠农村土地纠纷得到更快捷、更高效地解决。与此同时,也可以有效地为法院减轻压力。在实证调查可知,农村土地征收补偿纠纷的行政法律救济途径中就有一部分纠纷是通过农村土地承包行政仲裁途径而得以相应解决的。由此,建立一个统一的和专门的农村土地裁判机构,可以有效地融合现有的农村土地承包经营纠纷仲裁制度,更好地统一、协调现有的调解、仲裁、和解等各种农村土地纠纷解决方式,在很大程度上减少农村土地纠纷解决的整体制度成本。

(三)有利于农村土地纠纷解决基层机构层级架构的完善

通过长期纠纷解决的经验积累,符合实际需求的多元化的纠纷解决方式

---

① See Merchandise Transport Ltd V. British Transport Commission [1962] 2Q.B. 173.

已经形成。这其中包括:民间自我纠纷解决方式与官方的司法救济方式,传统的纠纷解决方式与新型的纠纷解决方式、合意型的方式与强制型的方式、司法主导型与行政主导型、中介组织主导型、民间主导型并存的解决方式①。但是,在目前阶段,这个多元化的体系却存在许多不够完善之处,各个具体的纠纷解决方式没有很好地体系化的规制在一起,形成一个既相对独立、可供选择,又紧密对接、协调共存,能够相对独立的结成一个以诉讼(司法审查)为纠纷解决最终手段和最后保障的、动态有机统一的纠纷多元解决整体机制——纠纷解决的多元一体化。构建以农村裁判机构为中心多元化纠纷解决模式的纠纷解决机制可完善当前纠纷解决体系的不足,使各体系之间相互协调,可以根据各解纷机构的实际操作状况分为三层架构。第一层次是自行协商解决纠纷或寻求第三人帮助调解。第二层次是裁判社会机构和行政解纷机构参与进来解决纠纷;第三层次为诉诸农村土地裁判机构。在第二层次中,由于解决纠纷的机构众多,既包括基层群众自治组织,也包括基层政府的调解组织,还包括农村自成体系的农村土地自治调处机构组成的内部调解系统,还有农村土地纠纷裁判机构、行政调解、农村土地承包纠纷调解和仲裁机构等组成的准司法机构,他们是多元化纠纷解决体系的主体,直接影响着纠纷的解决效果和解决水平。通过农村土地裁判机构的设置,可以把现有的多元化纠纷解决体系的主体有效协调统筹起来,发挥其应有的功能和作用。

(四)有利于根据地域解纷差异需求策略性发展解纷机制

由于地区环境的不同,与乡村社会相比,城市中纠纷解决更多的是通过诉诸法院的方式进行的,解决纠纷的时候,严格依照法律的规定进行,这种模式下的纠纷解决方式体现在其规范性和法律的权威能够得到充分保障,当事人的实体权利也可以充分得以实现,这种模式属于纠纷解决模式中最理想和最符合制度设计的模式。除此之外的纠纷解决方式处在一个相对次要的位置。在纠纷解决体系中,诉讼对诉讼外纠纷解决机制有波及效力,诉讼外纠纷解决

---

① 梁平、孔令章:《转型时期基层纠纷解决机制的构建》,《学术月刊》2009 年第 10 辑。

方式对诉讼则有向心效应①。此种模式认为司法应该置于纠纷解决体系的核心位置,是纠纷解决的最后一道防线。在农村社会中,人们遇到农村土地纠纷更偏向于非司法途径解决纠纷,可以类似拉家常的方式,也可以用一顿饭就化解纠纷,因此农村社会中农村土地纠纷的解决通常是以诉讼外的方式为起点的。农村土地纠纷解决的精髓在于自治,社会的自我治愈。通常在一个法制健全的社会,在社会的潜意识中,诉讼有一定的优先性;但是一个成熟的社会应该是一个兼容并包的社会,只要能够有利于纠纷的化解都应该积极为我所用。在这一层面上,诉讼和非诉途径解决纠纷处在一个平等的位置,他们都是根据当事人的选择通过理性的方式解决纠纷的手段,因此,两者的界限应该做"模糊化"处理,应在纠纷解决的过程中强调各种纠纷解决程序之间的渗透性,诉讼与诉讼外纠纷解决机制之间的界限是模糊的,两者之间是处于流动状态,诉讼程序自身也包含了诉讼外纠纷解决程序的成分②。而构建以农村裁判机构为中心多元化纠纷解决模式的纠纷解决机制可以专门针对农村土地纠纷解决的特点,在农村土地裁判机构的设置上能把各种纠纷解决程序的优势和特点相互融合与衔接,以充分发挥出其在解决农村土地纠纷的专业性与灵活性。

第三节　构建以农村裁判机构为中心多元化纠纷解决模式的基本原则

　　构建农村土地多元化纠纷解决机制除了坚持包括以事实为依据、以法律为准绳,公开、公平、公正、合理在内的基本原则外,由于受农村土地纠纷本身的特殊性与农村土地纠纷解决的特殊性所影响,还应遵循及时、便民、利民原则,节约高效原则和依据国家法并尊重民间规则原则。

---

①　[日]小岛武司、伊藤真:《诉讼外纠纷解决法》,丁婕译,中国政法大学出版社 2005 年版,第 211 页。
②　梁平:《多元化纠纷解决机制的制度构建——基于公众选择偏好的实证考察》,《当代法学》2011 年第 3 辑。

一、及时、便民、利民原则

农村土地纠纷案件由于发生在乡村社会环境中,因此其当事人多数为农民,相对于我国的整个社会环境和发展现状来讲,农村由于其经济发展的局限性和社会基础设施不够完善,农民整体接受的教育文化较低,收入水平不高等因素的影响,造成农民常常处于相对弱势的地位,并且由于当前农村经济发展状态的实际情况,中西部地区的农村在正常状态下青年人一般都在城市里打工,只有一些孤寡老人、留守子女等弱势群体留守在村里,因此,农村土地承包纠纷解决制度应结合村民生活状态的实际情况,在及时、便民、利民的原则的指导下运行。所谓及时原则,就是在便于解决纠纷的情况下,在有能力参与纠纷解决的当事人在场的情况下,及时有效不拖拉地对土地纠纷进行解决。所谓便民原则,指在程序的运行和设计上,要方便纠纷当事人及时参与,由于农村的实际情况,农民返乡过节等时间段是解决土地纠纷的主要时段,另外要畅通信息渠道,让农民及时了解各方面政策信息和纠纷解决的相关决定。所谓利民原则,指农村土地纠纷解决的程序在设计及运行上要充分考虑到农民的实际情况,在保证案结事了的前提下提高纠纷解决效率,服务于农村经济建设。第一,作为农村土地纠纷解决机构,其在设置上要深入百姓。由于农村土地承包纠纷的特殊性,在县级设立农村土地纠纷解决机构的基础上,根据经济社会情况,选派懂法律、通政策、知民情的人员参与到派出机构的建设。根据已有的纠纷解决经验,农村土地纠纷解决机构的设立分为两种形式,一种是在县和乡(镇)两级分别设立,另一种是仅仅在县一级设立。在乡镇设立纠纷解决机构有天然的优势,因为它更接近农村实际情况,更深入农民了解农村,也方便当事人及时将纠纷诉之解决,但是基层乡村往往缺乏既通达社会人情,又熟悉法律政策,又具备纠纷解决能力的人才。在另一方面,由于熟人关系网络的存在,能否让纠纷得到公正处理,让当事人满意是需要考虑的因素,尤其是当乡(镇)政府成为农村土地纠纷当事人的情况下,纠纷解决的公正性能否得到保证就更加值得考究。因此参考基层人民法院建设经验,在县一级统一设立专门的农村土地纠纷解决机构,根据农村经济发展实际,在确有必要设立的情况下在乡(镇)一级设立派出机构,对于部分需要避嫌的案件,可以在同一县域范围内,跨越派出机构或者直接交给县级农村土地纠纷解决机构处理。这样的处理可以在最大程度上规避以上的问题。第二,农村土地纠纷解决的程序应当尽量做到简化,以减轻当事人的负担和推动乡村经济建设为指导。第三,可以结合传统农村社会中纠纷解决方式,灵活解决农村土地纠纷。农村土地纠纷既可以解决在机构内,也可以解决在田间地头。在特定情况下,也可以对农村土地纠纷集中解决。第四,收费要亲民。考虑到农村经济的实际状况和农民收入情况,可以降低收费标准,也可以争取人民政府的财政扶持①。

二、节约高效原则

通过较低的成本较高效率地解决纠纷是诉讼经济学的要求,在农村土地纠纷解决机制中,也应该适当地把握这一原则。一方面相对整个社会来说,农民群体的收入来源较少,对经济的承受能力较低,另一方面,当前的农村经济状况决定了他们需要更多的时间来从事农业生产和赚取生活成本,尝试把诉累或者纠纷解决负担降低到他们的经济生产能力能够承受的水平。当前我国正在进行农村经济建设,土地资源是经济建设中的重要因素,及时化解农村土地纠纷也是为了更好地服务于农村的经济建设。节约、高效的原则要求纠纷解决机构在农村土地纠纷解决之前做好充分的准备,争取在较短的时间之内或者在农村土地纠纷尚未完全加剧的阶段将其及时化解。此外,农村土地纠纷解决机制的机构设置、程序设置以及救济机制都应当充分考虑当事人的利益最大化,使解决纠纷的成本降到最低。

三、依据国家法并尊重民间规则原则

农村乡土社会其实是有其自身固有的封闭性,这种封闭性在于乡村熟人社会和熟人关系网络的存在,现代城市化成果中形成的鲜明的制度特色在乡村社会不一定行得通,因此,法治在乡村完全可能是另外一种解读,这并不是说乡村社会不存在法治,其实刚好相反,乡村社会的法治其实特色最为鲜明,法律其实是对社会实际生活状况的反映,能适应社会要求的法即是良法,乡村

---

① 史卫民:《农村土地承包纠纷仲裁制度探讨》,《华南农业大学学报(社会科学版)》2009年第3辑。

社会的法不在于书本,而在于心中,属于天然形成的内心秩序,这种秩序的效果可能比我们通过国家强制力实施的法治效果要好。因此在解决农村土地纠纷时,要立足于国家制定法的根本,在不违背社会主义法律秩序和法治理念的前提下,积极探索乡村社会中法治的适用。也即是以国家制定法作为基本规范,以民间制定法作为自治规则,兼容地方习惯、乡规民约等形式,使农村土地纠纷的解决达到人们的心理预期,满足人们内心的道德评判。因此,在解决农村土地纠纷的时候,在不违背基本法律原则和法律规则的前提下,结合乡村社会的实际需要,积极探索运用其自治规则,充分发挥乡村习惯的良性作用,使农村土地纠纷的当事人和其他社会民众在心理上支持和赞同纠纷解决的结果,这样的实际效果会更好①。

---

① 卞辉、樊志民:《我国农村土地承包经营纠纷仲裁制度的悖论及出路》,《西安交通大学学报(社会科学版)》2014年第3辑。

第五章

我国以农村土地裁判机构为中心的多元化纠纷解决机制的具体构建

第一节 我国农村土地裁判机构的机构建设

由于我国现行的农村土地纠纷解决机制存在诸多不足之处,因而导致了纠纷解决机制的应有功能得不到发挥,日益增多的农村土地纠纷也无法得到有效的解决,由此出现的社会问题严重影响了新农村的建设与社会稳定。从前文可知,诸如域外国家或者地区的有关解决土地纠纷的具体制度有土地裁判所制度、土地法院制度以及土地审裁处制度等。以上各种相关制度的具体安排虽有差异,但是他们均蕴含了一致的设计理念,即约束权力、保护人权、寻求公法益与私法益之间的平衡、追求公平效率。同时,它们均建立了独立的专门的土地纠纷裁判机构,同时,裁判官在行使权力时仅受法律的约束,因此能够最大限度地实现公平正义的要求。参与审理纠纷的裁判官均具有相关法学背景或者曾经从事过与土地股价相关的工作抑或在其他机构任职处理过相关类似的案件。因此,他们在具体处理纠纷时秉承简便、便民的程序性原则,辅以公开听证制度、土地征用登记制度等具体措施,因而形成了完整的监督与救济的途径。纵观上述制度可以发现,该制度在具体实践中具备很强的操作性,为公民提供了解决土地纠纷的便捷途径,同时又收到了良好的社会反响。调解、行政裁决、征地补偿安置争议裁决等裁判制度是我国目前现存的农村地区解决土地争议的具体措施。纵然如此,在内陆地区因土地纠纷而引起的社会冲突事件仍然层出不穷。其主要原因在于我们缺乏一个独立的、完善的解决土地纠纷的专门机构及相关配套措施;其次,行政复议制度其本身存在着固有的缺陷但同时又与相关监督机制间存在着矛盾。最后,具有我国特色的农村土地纠纷仲裁机制还不够完善等,以上因素的叠加导致了现存的农村土地纠纷有愈演愈烈之势。笔者通过阅读大量相关文献发现,欲解决农村地区土地纠纷问题完全可以借鉴上文分析列举的相关域外国家和地区的制度。其中英国的土地裁判所制度和我国的行政复议制度具有一定的相似性。因此,我们完全可以借鉴英国的土地裁判所制度,毕竟他山之石,可以攻玉。综上,笔者认为,立足于我国现存的农村土地纠纷解决机制,同时有选择性地吸收借鉴域外发达国家和地区的相关成熟经验,坚信可以发展出一条适合我国当前国情的,具有中国特色的农村土地纠纷解决机制。因此,构建以农村土地裁判机构为中心的农村土地纠纷多元化解决机制能够从根本上解决农村土地纠纷,更好地维护社会秩序。

一、我国农村土地裁判机构的性质定位

(一)行政模式与司法模式的取舍

欲准确定位农村土地裁判机构的性质问题,首先要明确土地裁判机构与行政机关、司法机关之间的关系。综观域外各国,土地裁判机构的性质有司法说和行政说。以上两种设置模式没有好坏之分,只有适合与不适合的问题。也即,经济基础决定上层建筑,土地裁判机构的性质要受到一国或者地区具体社会现实的影响。于我国而言,设立农村土地纠纷裁判机构其根本目的在于填补现存的制度之间的罅隙,使它们之间形成完整的闭合的体系,为广大农民提供必要的有效的权利救济,而直接目的在于统筹解决困扰多年的社会顽疾,即农村地区土地纠纷。这些问题的存在要么是由于政治性或者政策性问题使法院的审判权无法触及,要么受制于法律优先原则,使行政机关无法作为。由此看来,农村土地纠纷问题专业性较强,选择行政模式似乎有利于解决纠纷所涉及的专业问题,但司法模式则更有利于实现公平公正。所以,若此两种模式单独使用的话则各有不足,不符合社会的现实需要。

1.土地裁决机构不宜完全采取行政模式

我国当前的社会现实,行政权一家独大,为避免农村土地裁判机构在依法行使权力时受到来自行政机关的压力和影响,不宜完全采取行政模式。当前农村地区有关土地的纠纷主要是交给行政机关和司法机关处理,二者的分工也并不是泾渭分明,仍然或多或少地存在着问题。有一种观点认为,有关土地等自然资源的使用权是法律权利的一种,然而此种权利与宪法规定的自然权利不是同一个概念,土地使用权并非"天赋",而是使用人在满足一定条件之后,经申请由土地管理机关代表国家依法分派的。基于此种认知,有关土地的争议只能由行政机关进行裁决。然而,此观点看似逻辑严密,实则忽视了一个重要问题,国家对权利进行分配的时候首先应当考虑的问题是对该权利的救济,而不应该以法律的形式,将某项权力专一的、排他地授予某个行政部门或者某个自然人①。不排除在这个世界上仍然存在有的国家仅依赖行政模式设置土地裁判机构。在纳米比亚就建立了以解决土地征收纠纷为目的的行政土地裁判所,经笔者阅读相关资料,发现该国的土地纠纷解决制度是纯粹的行政模式②。但是此种行政裁决的性质是行政司法权,与我国的行政裁决行为之间存在着某些相似之处。农村土地裁判所作为一级行政机关,在解决土地纠纷上有着天然的优势,可以充分发挥其简便、迅捷的优势③。

2.农村土地裁判机构应吸收司法模式的合理内核

具体到我国,农村地区的土地纠纷裁判机构应当以司法模式为基础,突出其独立性。人类社会发展历程表明,在司法模式下更能确保裁决的公正性。英国土地裁判所就是很好的典型,在国家权力与公民权利之间找到了平衡点,被视为运作较成功的专业土地裁判机构,其设立之初衷在于平衡国家权力和公民土地权利之间的关系,在长期处理土地争议过程中,英国立法者逐渐发现其中存在多种法律关系。最典型的就是有行政法律关系和民事法律关系。因

---

① 杨建顺:《关于依法行政的十个问题》,《岳麓法学评论》(第二卷),2001年第11辑。

② 陈静:《一些国家和地区土地裁决所的性质与功能》,《国土资源情报》2003年第3辑。

③ 张艳丽:《构建我国土地裁判机构的制度设想》,《学术交流》2010年第4辑。

此,面对多种法律关系相互纠结的土地纠纷,居中裁判的一方应当保持中立①。英国土地裁判所在经历了长时间的发展之后,最终得以突出其司法性,同时也很好地保持了浓厚的法律色彩。有关英国土地裁判所的地位和性质问题历来争议不断,但是在英美法系普通法传统中并不影响土地裁判所自身能发挥的作用②。

因而,本书认为,我国的土地裁判机构应借鉴英国土地裁判机构的构建模式,结合我国的实际,在整合利用现有的农村土地承包经营纠纷仲裁机构和行政复议等资源的基础上,依托土地行政管理部门和社会专业人才等资源优势,在构建中,必须保证农村土地裁判机构运行的独立性和公正性。

(二)农村土地裁判机构与农村土地专门法院的取舍

为更好地解决农村地区土地纠纷,域外的国家或者地区,尤以英国为例,其做法通常是在普通法院之外建立独立的土地法院或者土地裁判所。无论是设置土地审裁处还是土地裁判所,基本特征是均与原来的法院相分离。然而,在我国的司法实践中往往都是在上一级法院或者本级法院的指导下,建立内设机构或者法院的派出机构以解决土地纠纷问题。其本质仍是法院职权的一部分,在法院的统筹下开展活动。通过比较借鉴,摆在立法者面前有关我国农村地区土地审判机构的设置路径有两种选择:第一种是建立独立的农村土地裁判机构;第二种是设立法院的内设部门,即专门法院。

因为目前学界对相关课题的研究很少,笔者可资借鉴的资料有限,虽然如此还是要提出自己的意见。笔者认为,还是应当在现有资源的基础上,整合相关资源,建立独立的土地裁决机构,确立其准私法性质更适应我国的国情。也就是说,在我国设立独立于普通法院之外的农村土地审判机构比在法院内部设立农村土地专门法院更合适。主要考虑的因素有以下几点:

1. 案件审理专业化与效率的平衡——层级考量

专业化和效率是解决农村土地纠纷的过程中所必须要考虑的两个方面。

---

① 张艳丽:《构建我国土地裁判机构的制度设想》,《学术交流》2010年第4辑,第53~54页。

② 张越:《英国行政法》,中国政法大学出版社2004年版,第604页。

如果偏重效率缺乏专业性可能会导致案件审理有失公正,对当事人的合法权益造成损害。若一味强调专业性而忽视了效率要求,则可能会导致案件的积压,最终酿成社会问题。"迟到的正义非正义"这是大家耳熟能详的法谚,特别是在农村土地纠纷中,由于农村土地纠纷影响巨大,所以对该问题的处理要慎之又慎。参考既有制度,类似知识产权法院、海事法院等专门法院的建立有效解决了案件审理的专业性问题。类似地,能否设立土地纠纷的专门法院呢?笔者认为,不然。通过对专门法院设立背景的了解,可以发现,设立专门法院要满足两个要求,一个是专业性,另一个是案发率。专业性问题土地纠纷可以满足,但是过高的案发率则决定了,如果设立针对土地纠纷的专门法院,那么该法院将不堪重负,造成本就有限的司法资源的巨大浪费。

对于农村土地纠纷问题,那些设立专门的土地法院的国家和地区其所面临的基本国情与我国存在着显著差别,包括人口、国土面积等。例如,英国面积在24万平方公里左右,总人口6000万上下,与我国湖南省不相上下。由于英国土地纠纷的案发量很低,所以其既有的司法资源完全可以满足需要,仅靠初审裁判所和上诉裁判所这两种审理机构足以应对该国土地纠纷问题。同样的,在澳大利亚,其土地法院设在了州一级,与我们国家的省高院类似。我们国家的国情是农村土地纠纷案发量非常大,如果照搬外国模式将会面临巨大的困难。相反,如果走一条与上述模式相异的模式,设立与法院相互独立的土地裁判所则会使此问题迎刃而解。

2.基于节约司法成本的考量

仅考量以上两个因素显然不够,土地案件处理机构的设置还要考虑机构设置和运行的成本。西方国家的行政支出占政府总开支只有很少的一部分,更多的政府资源用在了社会保障方面。反观我们国家,巨大的行政开支早已使各级政府不堪重负。因此,要是单独设立专门的土地法院将意味着司法费用的巨大开支。公开资料表明,截至2016年,我国的地级行政单位有363个,县级行政单位更是达到2892个,面对如此庞大的基数,如果普遍设立专门的土地法院,将会造成巨大的行政开支,与建设资源节约型社会勤俭型政府的理念不相符合。反之,如果设立独立的土地裁判机构则可以解决上述问题。独立于普通法院之外的农村土地审判机构的设立程序没有设立专门法院那么复杂,那么严格,它的设立程序相对简单,运行成本低,在配套设施、人员配备等具体设置上也更具灵活性。所以,基于节约司法成本的考虑,在我国设立独立于普通法院之外的农村土地审判机构更具有可行性。

二、我国农村土地裁判机构的具体设置

为了更好地发挥各种农村土地纠纷解决方式应有的功能,促进农村土地纠纷解决机制内在协调以及互动。本书认为,完善农村土地纠纷解决机制组织构建、运行程序、救济制度,乃至构建完整的组织体系势在必行。在借鉴英国的土地裁判所制度、美国马萨诸塞州的土地法院制度和我国香港地区土地审裁处制度等宝贵经验的基础上,结合我国内地的实际情况,应全新构建以农村土地裁判机构为中心的农村土地纠纷多元化解决机制。"相对独立和负责的工作机构的构建是制度运行的重要保证,也是衡量一项为公民权益提供保护和救济的法律制度健全和成熟的标准"①。由此决定了农村土地裁判机构的理性设置至关重要,具体表现为农村土地裁判机构的机构设置和人员编制、管辖范围、运行程序、救济制度等方面。

(一)农村土地裁判机构的组织构建

1.机构设置

专门农村土地裁判制度属于准司法制度的范畴,其主要目的在于实现农村土地纷争的解决,在顶层制度上属于国家基本制度的一种,因此必须在国家的层面上统一设置。具体而言,由于农村土地纠纷主要发生在广大的农村地区和基层。因此,该机构的设置应当尽量设立在纠纷发生的第一场所,面向农村和基层。另一方面,农村土地纠纷尤其是在土地征收纠纷中,涉及的行政主体其级别一般相对较高,所以为了更好实现土地裁判制度解决纷争的公平公正和独立性的目标,该机构的设置层级也应该相对较高,以获得更高权限。故笔者建议,农村土地裁判机构的设置可以借鉴参考英国的经验,农村土地裁判机构分为中央和地方两级,其中地方裁判机构根据各地人口、面积、案件发生率等具体指标又有不同。具体来说,按照每省1~2个农村土地裁判机构设立,同样,为填补空白,在各个地方裁判机构之间又可以根据具体情况设置派

---

① 应松年:《行政法学新论》,中国方正出版社1998年版,第472页。

出巡回农村土地裁判机构。派出巡回农村土地裁判机构管辖本片区发生的相关农村土地纠纷,视同地方农村土地裁判机构所作裁判,地方农村土地裁判机构管辖其地域内跨片区发生的相关农村土地纠纷,不服地方农村土地裁判机构的裁判可上诉至中央农村土地裁判机构(全国只设1个)。此外,中央农村土地裁判机构还管辖跨省的相关农村土地纠纷的初次裁判。中央和地方农村土地裁判机构可直属国务院,适用垂直管理体制,同时中央和地方农村土地裁判机构接受同级农业行政主管部门、国土资源行政主管部门、司法行政部门以及普通法院系统的一般监督和业务指导,自身的组织机构应具有较大的独立性①。

2.人员编制

同样的,我们仍然可以借鉴英国和我国香港在农村土地裁判机构的人员组成上的相关经验模式②,即无论是中央农村土地裁判机构,还是地方农村土地裁判机构,其组成人员均应取得司法资格证书,以及具有一定专业知识或者相关的从业经验,同时各地还要设立相应的农村土地纠纷解决专家库。中央农村土地裁判机构的法律职业者一般可设置5～9人,土地裁判员按地方农村土地裁判机构的数量设置(至少每一土地裁判员应对相应地方农村土地裁判机构所管辖地域熟悉);每一地方农村土地裁判所的法律职业者一般可设置3～5人,土地裁判员可按其所辖地派出巡回农村土地裁判所的数量设置(至少每一土地勘测员应对相应派出巡回农村土地裁判机构所辖地域熟悉);每一派出巡回农村土地裁判所的法律职业者一般可设置1～3人,土地裁判员可按其所辖县级地域的数量设置(至少每一土地裁判员应对相应县域熟悉)。由此便可以充分确保法律的准确适用和法律问题的解决,同时也可以最大限度发挥专业知识经验在认定事实方面的作用。同时实行农村土地裁判机构主席负责制,可以有效防止相关工作出现纰漏以提高工作效率。农村土地裁判机构审理案件时应由一名法律职业者和两名土地勘测员组成裁判庭进行审理,并依多数意见作出裁判,必要时可据当事人申请从农村土地纠纷解决专家库

---

① 张艳丽:《构建我国土地裁判机构的制度设想》,《学术交流》2010年第4辑。
② 姜贵善译:《日本的国土利用及土地征用法律精选》,地质出版社2000年版,第75页。

中挑选一定数量的专家提供专家咨询意见。

3.管辖范围

一般来说,农村土地裁判机构的受案范围包括因土地征收产生的纠纷或者其他与平等主体之间因土地使用权而产生的各种纠纷。简而言之,农村土地裁判所的受案范围主要有以下几种:第一,农村土地征地纠纷(1)行使征地审批权不当或违法而引发的征地纠纷;(2)农村土地征收程序违法而引发的征地纠纷;(3)农村土地征收补偿归属纠纷。(4)农村土地征收补偿标准和金额的争议;(5)农村土地征收补偿款项分配使用的纠纷。第二,农村土地裁判机构还可受理农村土地承包经营纠纷与农村土地权属纠纷:(1)作为发包方的农村集体经济组织或村委会以及涉农公司企业等第三人与承包方之间有关农村土地承包经营权的民事纠纷;(2)承包方之间的农村土地流转纠纷以及农村集体经济组织或村委会之间的农村土地权属争议;(3)农村土地承包经营权的确权纠纷。第三,村民之间、村民与村集体经济组织或村委会之间的宅基地纠纷以及其他相关的农村土地民事纠纷。此外,有关农村土地征收过程中的听证会的召集和主持的权限也可赋予农村土地裁判机构。

(二)农村土地裁判机构的运行程序

1.农村土地裁判机构的程序设置

立足于我国农村发展实际和农村土地纠纷的特殊性,在农村土地裁判机构采用农村土地裁判程序。本书认为,农村土地裁判程序应该是一种特殊的民事诉讼程序,其特殊之处在于比现行民事诉讼法规定的简易程序更加简单易行,也就是简易程序中的简易程序。这也是专门农村土地裁判最大的制度优势之一。首先,起诉简便。可以尝试设立多种方案并行的立案方式,方便广大人民群众行使诉讼权利。针对农村发展的实际情况,可以有条件试行"大立案"和"网上立案"并存的方式,方便农民群众立案。在立案的形式上确立以口头立案为原则,书面立案为补充。其次,程序的设置具有灵活性,以便民为原则,例如结合农村土地纠纷特殊性,考虑农民的现实困难,农村土地裁判机构在节假日安排便民民事诉讼巡回审判车,建立移动法庭,既可以方便群众行使权利,也可以回答农民的法律咨询,起到普法宣传作用。再次,审理时间的确定可以推行"以当事人定日期,法官来开庭"为主要内容的预约开庭立案排期制度①。这种制度的建立主要是基于其行政性和专业性特点所决定,在此特点之上就决定了农村土地裁判机构所适用的审理程序必然是超简易程序,更突出其简易、便民和效率原则,尽量简化不必要的手续。突出效率并不是要以牺牲公正为代价,而是要保证最基本的公平与公正。然而,鉴于我国行政权过于强势以及司法权不足的现状,更甚者,农村土地裁判机构所处理的纠纷的一方当事人有可能是行政机关,以及要对行政机关予以监督和控制,这就决定了我国的农村土地裁判程序应注意避免英国早期裁判所远离法律制度的弊端,必须时刻秉承公开、公平中立的原则。农村土地裁判程序作为一种准司法程序,应在确保行政效率和司法公正之间选择一个恰当的度。当然,既然农村土地裁判程序是超简易的,则意味着在大部分情况下其都应当是灵活的、非正式的,只要给予当事人充分的辩论权,就可以采纳传闻证据,并且可以充分发挥法官的主观能动性,采用职权探知的方式去认定事实评判证据,但法官必须向当事人公开,不能搞突然袭击,保障当事人的庭审请求权。前文也讨论过,我国农村土地纠纷的种类偏多,不同类型的土地纠纷案件的复杂程度和涉案标的大小差异比较大。因而,本书比较赞同,我国农村土地裁决机构应该设置普通程序、简易程序、特别程序、书面陈述程序四种,分别适用于普通纠纷、标的额较小且案情简单的土地纠纷以及标的额较大(情况错综复杂)的土地纠纷②。

农村土地裁判机构对所有审理程序,包括但不限于初审、上诉都实施动态的案件管理,根据案件性质和当事人一致同意与否,选择适用普通程序、特别程序、简易程序或书面陈述程序。

(1)普通程序。土地裁判机构受理的案件,大多数适用"普通程序"。普通程序包括提交申请、案件陈述、受理、文书送达、听证和裁决等环节。

(2)特别程序。案情复杂、标的较大以及重要的案件,则适用"特别程序"处理。本书认为,特别程序通常需要庭前审查程序,以便确定案件争议、审理

---

① 赵蕾:《农事特别程序:解决农村民事纠纷的程序性贡献》,《南方农村》2013年第3辑。
② 王静:《英伦行政法之旅——有关裁判所和征地》,《中国改革》2008年第6辑。

步骤和具体日程表。

(3)简易程序。为了节省时间和费用,某些争议明显、标的较小的案件,如果上诉人或者起诉人同意,农村土地裁判机构将选择"简易程序"进行审理。有关具体程序设置可以借鉴一般简易程序。

(4)书面陈述程序。如果案件争议较小,且双方当事人对审理程序达成一致意见,裁判所可采用"书面陈述程序"。与前述三种程序不同,这一程序不需要开庭(尽管简易程序的听证是非正式的,但也需要开庭),只凭当事人双方的书面材料进行审理。它通常适用于案情清楚,解除和修改限制性合同的简易案件。

2.农村土地裁判机构案件审理程序的适用

(1)审前程序

作为发生农村土地纠纷向农村土地裁判机构提起解决请求的当事人,第一步需要做的就是提交一份包含有所有与纠纷相关必要信息的申请书给所在地的裁判机构,申请书中需要明确表明以下基本信息:对纠纷内容客观全面的描述、纠纷所涉及各方当事人的姓名和住所、寻求纠纷解决的法律等依据。然后当事人需要将填写完成的案件注册申请表以及相关的证据文件提交至农村土地裁判机构。与此同时,纠纷当事人还需要对农村土地裁判机构就其案件审理所适用的程序作出选择以及作出此种选择的理由。农村土地裁判机构赞同当事人所提交的有关文件并决定受理当事人的纠纷解决请求之后,接下来需要将案件的注册号发放给纠纷解决申请人,然后该机构还需要把纠纷解决申请人所提交上来的注册申请表等相关文件送达被告与纠纷的其他当事人,此外,农村土地裁判机构还需要征求被送达人对于所送达之文件和案件所适用之审理程序的看法。在被告和案件其他的当事人在裁判机构所规定的期限内提交答复意见之后,农村土地裁判机构需要尽快确定审理该案件所应当适用的程序,并与此同时将开庭的时间和地点等相关事项告知纠纷各方当事人。除有限责任公司和企业法人是有其法定代表人参加诉讼之外,其他的情况下,纠纷的当事人既可以选择自己出席案件的庭审,亦可以指定律师作为诉讼代理出庭庭审。农村土地裁判机构裁决案件是免费的,这也是从农村土地纠纷事件解决的特殊性这个角度而考虑的。

(2)听证程序

除纠纷的双方当事人一致同意的仲裁案件以外,听证程序原则上是以公开的形式进行的。开始听证程序之后,通常是由申请方、上诉方或者是索赔方先进行案件情节的陈述、相应的证据以及文件的出示。证人在进行作证的时候需要就自己所了解的案情接受农村土地裁判机构成员以及对方当事人的询问。与之相对应,案件的对方当事人也同样拥有陈述案件情节并出示案件相关证据以佐证己方所表述之观点的机会,诉讼的各方当事人围绕自己在案件中所提出之诉讼请求都有机会讲明相关的法律依据。若土地裁判机构决定案件适用简易程序进行审理的话,那么此时听证程序就是非正式的。如果存在有先决问题需要提前解决的话,农村土地裁判机构主席可以依据诉讼当事人的请求,或者是农村土地裁判机构的主席自行决定听证前审查程序的启动。在进行听证前审查程序的过程中,裁判所主席有权根据纠纷当事人向裁判机构所提交的相关文件对当事人的所提之申请中涉及的法律以及事实问题进行决断。如果在听证前审查程序中土地裁判机构所做出的意见将会对整个申请的处理带来实质性影响的话,此时农村土地裁判机构就可以决定将听证前审查程序转化为听证会。在听证程序进行过程中,纠纷的双方当事人为了实现支撑己方的主张的目的,都有权向土地裁判机构提出专家证人,所需要的专家证人大多数情况下是测量师和估价师,另外,每一位出席庭审作证的专家证人在进行作证之前都必须首先向农村土地裁判机构提交一份自己就该项纠纷相关事项的说明报告以及支撑自己证明报告中所呈现观点的证明文件。在专家报告与证人陈述提交给农村土地裁判所之后,将由农村土地裁判机构的成员在听证程序正式开始之前进行宣读。纠纷涉及的每方当事人所邀请的专家证人数量通常不得超过一人,听证程序开始之前向农村土地裁判机构提出了申请并且获得了准许的除外。传唤事实证人(即陈述自己所知的案件事实却不发表评论观点之人)的数量不会受到农村土地裁判机构的限制。举行听证所限定的期间一般是根据纠纷的性质来确定的,如果纠纷各方当事人可以按照农村土地裁判机构的要求及时准备好案件所需的所有文件、裁判机构可以据此及时地举行听证的话,土地裁判机构就可以很迅速地处理案件。针对标的额比较大或者是案情比较复杂的案件,纠纷当事人有权利就延长审理的期限向农村土地裁判机构提出申请,至于是否能够获得农村土地裁判机构的准许则交由案件的具体情况以及当事人所出具的申请理由是否充分、正当来决定。在纠纷当事人不服从农村土地裁判机构所做出裁决的上诉案件中,农村土地裁判机构既能够依职权,也可以根据当事人的申请就案件的审理期限做出缩短的裁定①。

(3) 裁决

若是案件的审理只是单纯地涉及价值判断或是法律评价问题,由一名农村土地纠纷解决专家或拥有司法执业资格的法律人员独任裁判员进行即可。若是案件所争议的事项同时涉及法律评价和价值判断问题的话,需要由农村土地纠纷解决专家和拥有司法执业资格的法律人员两名成员共同对案件进行审理。只有在极其例外的情况下,才会由三名成员对案件进行审理的情形。大多数情况下,农村土地裁判机构不会选择在案件举行过听证程序之后立即做出裁决,如有必要的话,还需要勘察争议涉及的土地以及其他相关的地点,并基于勘察报告对案件所涉及的争议事项做出书面形式的裁决并送达给各方当事人,裁决公布之后,农村土地裁判机构还会发布一个说明裁决的效力的裁定。土地裁判所的成员对于案件的情节可以依据自身所具备的经验以及学识进行判断,甚至是不必囿于当事人在听证会上所提出的事实。因此,农村土地裁判机构所做出的裁决通常是不会受到证据规则的严格约束的。但并不能因此说,该机构的裁定是任意做出的,农村土地裁判机构经过审理所做出的裁决至少需要保证以下三个条件的要求:第一、必须以当事人在审理过程中所提出的证据做出裁决。第二、经过纠纷双方当事人质证的证据才是土地裁判机构裁决的基石。第三、土地裁判机构所做出的裁判文书需要附有做出此项裁决的理由。② 农村土地裁判机构在对法律问题做出决定的时候,需要受到上诉法院先前所做出判决的约束。因为遵循先例原则是实现行为连贯性的保障,要想实现基本公正这一目标,必须保证所做出的每项裁决具有连贯性。为了保障连贯性的实现,现代信息技术的运用是必不可少的,可以仿照当前我国所实行的案例网上公开制度,制作一套专门负责收录和公布裁决相关信息的系

---

① 沈开举、郑磊:《英国土地裁判所制度探微》,《郑州大学学报(哲学社会科学版)》2010 年第 3 辑。

② Arrowdellv.Coniston Court (Hove)Ltd [2007] RVR 39.

统,由此,遵循先例的原则才能得到遵守和实现。为了保证上述目标的实现,农村的土地裁判机构在做出裁决的过程中,应当采用书面的形式,除通过仲裁程序做出的裁决外,所有裁决都应当上传到农村的土地裁判机构指定的网站。

(三)农村土地裁判机构的救济制度

作为守护社会公平正义的最后一道关卡,司法始终依托于其所具有的权威性肯定所代表的法律之尊严,为社会公平正义目标的实现提供着强有力的保障。法院对于农村土地裁决机构所做出并生效的裁决有权进行监督。当事人对农村土地裁决机构做出的裁判不服的情况下可以向人民法院提起诉讼,但此处必须注意的是,人民法院在对裁决机构做出的裁判进行审查的过程中只能限于法律适用和程序问题。就专业性、技术性等方面的问题应该给予农村土地裁决机构的裁决适当的尊重,这也是各国通行的做法。同时,农村土地裁决机构还可以在征得当事人同意的前提下就纠纷事项进行调解,通过调解所达成的协议产生法律效力。当然,除了司法途径的监督外,当事人对于农村土地裁决机构做出并生效的裁决,向人民法院起诉后仍然不服的,还可以通过其他途径寻求救济。

为了构建一个效率合理的农村土地裁判机构的救济机制,本书认为我们应建立起简单的、连贯的上诉系统——两层级的农村土地裁决机构体系,对于地方农村土地裁判机构所做出的初审裁决表示不服的当事人,可以向上级农村土地裁判机构提起上诉。对于一般的上诉案件可以由农村土地裁判机构内部进行受理救济;只有对农村土地裁判机构作出的裁决中所涉及的法律适用问题或者是裁判程序方面的问题不服才可以向地方法院提起撤销裁决申请。人民法院只有权受理对裁判机构做出裁决过程中的法律适用问题或者是裁判程序方面的问题不服提起的撤销裁决申请,对于裁决涉及的事实问题的不服人民法院不得受理。人民法院做出裁决之后,若是当事人仍然不服从,其可以向上级人民法院申请进行司法审查。上级人民法院可以将原裁决予以撤销,将案件发回土地裁判机构,责令裁判机构以高级人民法院的提出的意见为基础,进行重新审理并做出新的裁决。

第二节 农村土地裁判机构运行与其他纠纷解决机制之间的衔接

我们此处所讨论的农村土地纠纷解决机制是一个多元化的有机整体,是由多种不同的纠纷解决方式所组成,各组成部分的方式之间既相互独立、又互相联系,各纠纷解决方式既有其自身的特点,同时也不可避免地存在着某些方面的弊端。各解纷方式因其自身独特的优势而具有独自的存在价值。因此,其运行模式也就会呈现出差异。同时,做好农村土地裁判机构运行与各种纠纷解决渠道的相互衔接,需要促进各种纠纷解决方式相互配合、相互协调和共同发展。农村土地裁判机构在此问题的解决上应当发挥主导性的作用,通过发挥其自身的规范、引导以及监督功能,实现农村土地裁判机构裁决与诉讼、仲裁、调解等多元化纠纷解决方式的衔接,从而推动纠纷解决机制的组织及程序制度建设,顺利实现多样化的纠纷解决方式之间通过有序的衔接与互动,最终实现彼此之间功能上的互补以及纠纷的高效便捷化解决。

一、农村土地裁判制度与诉讼机制的互动衔接

(一)明确农村土地裁判机构运行与诉讼机制对接的适用范围

针对哪些纠纷适用"诉裁对接"机制除了从正面进行规定以外,还应当从反面对哪些类型的纠纷不适用该机制做出规定。对于向人民法院申请确认某项权利或某项事实的诉讼,一是通过农村土地裁判机构的简易程序以及书面陈述程序审理案件,就不适宜通过"诉裁对接"机制解决。因为这些类型的案件特点是涉案标的比较小,争议不大,案情比较清楚,关系比较简单,为了追求裁判效率和纠纷解决成本,笔者建议,农村土地裁判机构应对这些案件的审理实行一裁终结,不适用于"诉裁对接"机制。二是对于可能会对他人的利益或者公共利益造成损害的纠纷、案件涉及的标的额较大或是双方当事人争议对案件涉及的问题争议较大的纠纷、裁判结果可能会产生重大社会影响的纠纷,都不适宜通过适用"诉裁对接"机制进行化解,如农村土地权属及确权纠纷等。

通常情况下,该机制的适用对象是一般的,适用于普通程序的农村土地纠纷。需要说明的一个问题是,此处需要对案件适用的类型增设兜底性条款,其目的是应对因经济社会的快速发展变化而出现的新类型的农村土地纠纷,当然,在是否应将新类型的纠纷纳入适用范围时,应当将前面所讲述的几项作为评判的标准,而不单单是由法官根据个人意愿随意进行认定。

(二)农村土地裁判机构运行和诉讼机制的具体对接

当事人对农村土地裁判机构做出的裁决不服的情况下,具有两种救济方式,一是针对一般的农村土地裁判机构做出的裁决不服,可以通过向农村的土地裁判机构的上级机构提出上诉解决。二是对农村土地裁判机构作出的裁决中所涉及的法律适用问题或者是裁判程序方面的问题不服可以向地方法院提起撤销裁决申请。当事人选择在农村土地裁判机构的上级机构提起上诉,当地法院将不能再受理当事人的撤销裁决申请。法院在此种情形下只能受理当事人对裁判机构所涉及的法律适用问题或者是裁判程序方面的问题做出的裁决的不服提起的诉讼,对于裁决中所涉及的事实问题的不服不得受理。裁决结束后,若是纠纷的当事人仍然对裁判结果表示不服,其既有权向上级人民法院提出司法审查的申请。上级人民法院有权根据当事人的申请撤销原裁决,基于本院的审查不可以直接做出原本应当由裁决机构做出的裁决,上级人民法院应将裁决错误的案件发回至裁决机构,责令裁决机构根据上级人民法院的意见对纠纷进行重新审理并做出新的裁决。对于农村土地裁判机构所作出的裁决结果,人民法院应承认裁决书和调解书的法律效力,进一步明确由人民法院保证其强制执行力,保障农村土地纠纷的圆满解决。对于故意不履行裁决书确定内容的当事方,通过责令其承担相应的法律责任的方式进行惩戒。

"诉裁对接"机制作为一项新型举措,需要合理有效的考核和奖惩机制辅助实施,以调动相关工作人员的积极性与主动性,使得该项机制有效运行。人民法院应当改变传统的考核方式,将人民法官在"诉裁对接"方面的工作量也纳入考核的大体系之中,对于通过"诉裁对接"机制办案数量多、质量高的法官,可以作为评优和晋级的对象。另外,加大对人民法院工作人员以及土地裁判机构工作人员"诉裁对接"工作的监督检查力度也是必要举措,对于不认真履行工作职责或者是存在徇私调解问题的人员,应当追究其相应的责任,通过此举对规范工作人员的行为形成倒逼机制。

二、农村土地裁判机构运行与调解机制的互动衔接

"对于我国而言,在调解机制由传统模式转向现代模式的过程中,不宜采用简单地以'调解优先'等运动式的方式进行推进,需要采取立法的方式,在当前学界所大力提倡的多元化纠纷解决机制整体框架下形成司法救助、社会救助是基于私力救助等多种纠纷解决方式协同推进的、长效稳定的机制[①]。"因而,在农村土地裁判机构裁决与调解的互动衔接上,笔者认为更多地应从立法的角度出发。

(一)借鉴香港地区采用的土地审裁处调解制度——先行调解

通过对我国香港地区土地审裁处调解制度方面成功经验的参考借鉴,内地农村土地裁决机构也可以在农村土地纠纷的审理之前,对农村土地纠纷先行调解。为使土地审裁处可以更加高效地解决建筑物管理案件,在2008年1月1日到2009年6月30日期间,我国香港地区土地审裁处进行了实验性的改革,在有代理律师进行代理的案件中,通过采取激励措施的方式引导纠纷双方的当事人采用调解的方式对纠纷进行解决[②]。如果案件的客观条件允许,纠纷各方当事人及其律师代理人在进行诉讼之前就调解的可能性首先进行磋商,在诉讼前或者是诉讼进行期间的任何阶段,都可以启动调解程序,调解程序的启动还可以依据土地裁判机构的指示启动。在诉讼程序开始之后,根据纠纷任何一方当事人的申请或者是依据其职权,土地裁判机构认为条件允许的情况下,可以决定将已经启动的诉讼程序搁置一段时间,以调解程序的进行提供足够的时间。如果针对纠纷的调解申请是由任意一方或双方当事人所提出的,并不必然会带来已经启动的诉讼程序自动搁置的后果,也就是说,法律程序的自动搁置最终决定权交由土地裁判机构的法官专享。已经启动调解程

[①] 唐力、毋爱斌:《法院附设诉前调解的实践与模式选择——司法ADR在中国的兴起》,《学海》2012第2辑。

[②] 相关内容参见香港地区司法机构发布的《土地审裁处建筑物管理案件的案件管理及调解》。

序的当事人可以根据调解的进展情况随时决定调解程序的中止,纠纷双方当事人在调解过程中所讲述的内容以及针对其实体权利的处分,并不会对后续的诉讼产生影响。也就是说,在重新启动的诉讼程序中不能将前期调解过程中当事人讲述的内容和对实体权利的处分作为证据使用。在前期努力的基础上,香港特别行政区政府于2009年4月2日进一步推出了司法体制改革,此次改革重点是围绕特区高等法院及区域法院所进行的民事诉讼程序。经过适当的变通后,这些民事诉讼程序中新增加了部分诉讼规则和程序也可以适用于土地裁判机构所审理的案件中。其中一项改革措施就是鼓励和引导纠纷的双方当事人尽量采取诉讼之外的纠纷解决方法化解矛盾,调解是最普遍适用的诉讼外纠纷解决方式。采用调解的方式处理当事人之间的纠纷,可以在很大程度上降低土地纠纷裁决处在化解纠纷过程中产生的成本,这一点对于矛盾化解的效益是非常有利的。此外,适用调解方式解决纠纷,争议所涉及的当事人还可以避免由于诉讼本身的对抗给纠纷当事人造成的伤害,通过调解的方式化解纠纷之后,当事人就不必将争议诉诸人民法院,调解协议是在充分尊重纠纷当事人意愿的基础上做出的,加之国家不断采取措施加强调解协议的法律约束力,双方当事人会更愿意遵守并积极履行调解协议的内容,因此其提起上诉的可能性就微乎其微。

(二)提升理念上的认同感

"裁调对接"机制的运行效果,关键在于农村土地裁判所、纠纷当事人对该项机制在理念上是否具有认同感。因此,有必要采取措施统一农村土地裁判机构以及当事人在此问题上的思想认识,通过提升多方主体对该机制在理念上的认同感来影响行为人在纠纷化解过程中的具体行为。首先,各行为主体需要意识到裁决和调解是作为纠纷化解的两种手段,但是在定纷止争上的目标是一致的,通过两种手段的运用,明确当事人双方应有的权利义务关系,从而使业已被破坏的社会关系得以恢复正常。

农村土地裁判机构裁决与调解机制的结合,是通过农村土地裁判机构的权威性和调解的灵活性方面的结合,达到两者的优势互补,最终实现纠纷更好地解决。其次,需要清晰地认识到"裁调对接"机制的目的还包括提高司法资源的利用效率。提高司法效率就是在法律允许的框架下,利用尽量短的时间和尽可能少的资源投入,完成案件的审理。另外,需要注意的是,对于一些法律关系简单、双方当事人争议不大的纠纷,就完全没有采取裁决的方式解决,可以设想,如果无论纠纷大小,当事人都将其提交到农村土地裁判机构来解决的话,必然造成本就有限的司法资源不必要的浪费。从人民法院的角度看,农村土地裁判机构对于"裁调对接"机制应当发挥主导性的作用,通过对改变传统纠纷化解观念,加大对"裁调对接"机制的重视力度,强化农村土地裁判机构的工作人员对其应尽职责的履行,在具体的工作中切实推动农村土地裁判机构在裁决与调解上的良性互动。

(三)设立裁决前审查分流机制

案件分流是指对于当事人起诉到农村土地裁判机构的纠纷,农村土地裁判机构的工作人员经过对案情的审查认为适合调解解决的,在尊重当事人意愿的前提下,将纠纷委托人民调解组织调解解决。案件分流机制是减轻农村土地裁判机构办案压力的有效方式,也是实现裁决与调解有效衔接的重要方式。对于哪些案件适宜进行分流,综合法律法规的规定,可以做出以下三类的归纳:一是熟人之间。熟人通常生活在稳定的空间内,彼此之间相互了解,偶尔也会相互依赖,若是纠纷发生在熟人之间,鉴于"面子"和长远关系的维护等原因,调解的方式解决是优先。二是当事人双方争议不大、适宜调解解决的纠纷。三是涉及的法律关系简单且诉讼判决无法彻底解决的纠纷。例如权利义务关系简单明确的经济纠纷,即使采用诉讼方式,对方也可能无力支付,执行就会产生困难,此时就不必要启动诉讼程序。随着经济社会的快速发展,新型纠纷层出不穷,在各类型的案件分流过程中,应当以上述三类作为分流对象分流。在确定案件类型后,通过合理的"裁调对接"机制分流。具体而言,收到当事人提起的裁决申请后,农村土地裁判机构根据上述标准对案件进行筛选并确定是否适合分流,如果适合,通过建议当事人调解解决,取得当事人的同意后,可以将纠纷转交农村土地裁判机构内部设置的调解人员处理。调解结束之后,一方面,调解人员需要把纠纷处理结果反馈给农村土地裁判机构原裁审员,农村土地裁判机构将案件材料进行归档保存;另一方面,调解组织人员应当在第一时间回访纠纷当事人,以督促当事人尽快履行调解协议。

三、农村土地裁判机构运行与仲裁机制的互动衔接

仲裁裁决作为针对当事人之间的纠纷通过仲裁机构予以化解所得出结论。为了实现纠纷的高质量化解,必须要做到在法律规定和公序良俗设定的框架下做出仲裁裁决。但是不得不承认的是,为了确保公正地得出仲裁结果,仲裁裁决做出了受到法律规则较为严格的限定,这就无形中造成了仲裁裁决过程的复杂化,并增加了仲裁裁决的成本。通过把调解纳入仲裁机制,可以在很大程度上推动纠纷化解过程中调解和仲裁的有效衔接。就发展现状来看,主要有两种衔接模式:第一种是仲裁过程中将调解程序前置。具体来讲,在充分尊重纠纷双方当事人自主意愿的基础上,通过仲裁过程中调解的前置,对于纠纷当事人之间固有关系的维护有很大的帮助。根据仲裁程序的设置,仲裁开庭的时候,当事人双方都可以对担任调解员的仲裁人员进行选择,然后根据调解结果进行区别化对待。仲裁员对纠纷进行调解的过程中不受调解结果的影响,不论通过调解能否达成调解协议,对于其作为仲裁员的身份,都可以在后续的仲裁程序恢复。另外一种衔接模式是纠纷化解过程中仲裁机制与调解机制并列进行,也就是说,两种机制并不存在时间上的先后顺序问题,基于对仲裁的形势判断,准确把握双方当事人在整个仲裁过程中的情况,以及对于仲裁结果的合理预期,双方当事人可以在适当的时候进行调解。此种模式还可能表现为以下不同的形式:第一种是将调解机制掺杂在仲裁程序的进行过程中,这已经广泛地应用于司法实践过程中,该种形式是在仲裁程序开始后,不论是任何阶段,只要转入调解的一致意见在纠纷双方当事人之间达成,就可以立即转入调解程序来处理纠纷,两套机制的运行实际上是由同一班人马进行;第二种表现形式是影子调解模式(shadow mediation),调解程序的启动在此种模式中并不是不受任何限制的,需要恰当的时机作保证。而且在这种表现形式中主持纠纷调解的是参与仲裁之外的另一班人马,如果通过调解机制实现纠纷的彻底化解,就不需要转入业已中止的仲裁程序;但若是通过调解机制未能化解纠纷,则业已中止的仲裁程序要继续进行[①]。我们不难发现,这种形

---

① 陈洪杰:《纠纷解决方式之间的联系与互动》,《司法改革论评》,厦门大学出版社2008年版。

式虽然可以弥补第一种表现形式中存在的不足,但不可否认的是,这种形式却造成了仲裁成本的增加。第三种表现形式是调解与仲裁的共存,在此种形式中,调解人员不会再像上面已经介绍的两种形式那样中途才介入仲裁程序,而是转变成了全程参与的方式。在这种形式中,纠纷的化解的主导权掌握在调解人员手中,调解人员通过与纠纷当事人私下会见的方式对纠纷的具体情况进行了解,并就此与仲裁人员进行对接。客观而论,上述的仲裁与调解的任何一种整合模式都是利弊兼具的,在具体的适用中就需要我们结合纠纷以及案件处理的具体情况综合考量,以实现仲裁与调解的灵活对接。

根据我国的现有法律,在此所论及的仲裁机制主要是指农村土地承包经营纠纷仲裁机制。在我国早于2009年颁布了《农村土地承包经营纠纷调解仲裁法》以及2014年颁布最高人民法院《解释》,该法律所覆盖的内容只限于农村土地承包经营权纠纷,其对受理范围的规定是比较窄的,致使规定之外的农村土地纠纷无法获得有效的调整。尽管《农村土地承包经营纠纷调解仲裁法》设置了兜底性条款,但囿于人民法院受案范围的限制而无法展开。由于事关农民群众的切身利益,都将纳入,使所有的农村土地纠纷都能得到相应的救济。笔者认为,所有在《农村土地承包经营纠纷调解仲裁法》受案范围的农村土地纠纷案件以及目前没有纳入受理范围,但是与农村土地承包经营权相关的纠纷,如实践中经常出现的承包地界不清、新增人口要求对土地做出调整、集体经济组织间土地所有权与使用权问题、确认农村集体成员资格纠纷等,都可纳入到农村土地裁判机构的受案范围。对于农村土地承包经营纠纷调解仲裁机构可受理的农村土地纠纷,当事人可选择直接向农村土地裁判机构直接申请裁决,也可先到农村土地承包经营纠纷调解仲裁机构申请仲裁,如果纠纷当事人对所做出的仲裁裁决表示不服的,可再向农村土地裁判机构申请裁决。农村土地裁判机构应当注意做到对仲裁程序的相关规则的尊重。如果仲裁机构作出仲裁裁决的过程中没有出现仲裁裁决无效、仲裁机构越权裁决或者是仲裁过程中存在徇私舞弊等严重违反仲裁程序正当性的情形,应当对仲裁决议予以确认,保障仲裁决议内容的实现。

虽然仲裁程序对于一些纠纷的化解存在程序便捷、成本较低等方面的优势,理应赋予其一定的运用空间,但是不可否认的是,仲裁程序也存在着强制力不足等方面的缺陷。除了应当对仲裁制度进行不断的完善之外,还应当注重仲裁与农村土地裁判机构的裁决两种纠纷化解方式关系的处理,通过两者之间的有效衔接,实现"裁裁结合"的目标。一方面,通过联席互动机制的建立,对纠纷进行互动交流,并制定相应的纠纷处理对策,实现把纠纷化解在最初的萌芽状态的圆满状态。另一方面,通过协商机制的建立,可以在仲裁过程中推动重大涉农村土地纠纷的及早发现,通过仲裁过程中司法相关程序的运用,实现农村土地裁判机构的工作人员与仲裁人员针对仲裁工作的协同配合,从而实现相对一致的裁判标准和法律适用。通过此举,可以加深纠纷当事人对相关的法律法规的了解,从而最大限度地发挥仲裁裁决的功能,化解纠纷于农村土地裁判机构的裁决程序启动之前。在推动此项举措实施的过程中,农村土地裁判机构的工作人员应当注意做到对仲裁程序的相关规则的尊重。做出仲裁裁决的过程中没有违反程序规则的,应当对仲裁决议予以确认,保障仲裁决议内容的实现。通过仲裁程序转入裁判程序的纠纷,对于那些已经在仲裁程序中查明和确认的事实及证据,只要能够做到证据收集的过程中不违反相关法律的规定,就可以作为农村土地裁判机构在做出裁决事后的依据,以致农村土地裁判机构就可以集中精力审查争议比较大的事实和证据。

四、农村土地裁判机构运行与和解机制的互动衔接

农村土地纠纷解决常见的方式就是和解与调解。和解是指围绕所发生的纠纷,双方当事人在充分尊重自身意愿以及对自我利益的考虑,合意确定纠纷解决的方式,最终高效化解纠纷的活动。农村土地纠纷和解是指在明确责任的基础上,纠纷双方当事人遵循互谅互让原则的前提下,通过达成和解协议或是谅解备忘录等方式,化解农村土地纠纷的活动。这一纠纷解决活动因为不需要任何第三方的介入,充分体现出充分尊重当事人围绕纠纷解决的意思,具有明显的灵活快捷等优点,实现了对纠纷双方当事人关系的有效维护。通常情况下,农村的土地纠纷化解的第一步就是当事人之间的协商,只有协商这一方式解决不了的情况下,当事人才会考虑其他途径。由于不同的农村土地纠纷类型上本身存在很大的差异,况且由于农民欠缺纠纷化解所需要的法律知识和沟通技巧,在一些关键性问题上很难达成一致性意见,这就不利于纠纷的有针对性化解。

基于此,我们就需要考虑农村土地裁判机构裁决与和解机制之间的衔接,

从而发挥出和解的全方位优势。具体而言,农村土地裁判机构裁决与和解的衔接,裁判机构裁决做出前,纠纷双方协商达成和解协议以解决纠纷,并在达成和解协议之后撤回农村土地裁判机构裁决的申请,从而终结裁决程序。纠纷当事人所作出的和解协议必须是当事人真实意思的体现,而且和解协议不得违反法律的强制性规定。农村土地裁判机构只认可和支持满足上述两项条件的和解协议。笔者认为,纠纷双方的和解可以在裁决申请提出后的任何阶段提出,只要达成和解协议,就可以申请撤回裁决;如果无法达成和解,裁决程序将继续进行。这也是充分尊重当事人的意愿选择,更体现农村土地裁判机构裁决程序在解决纠纷的灵活性。此外,为了保证和解协议的实施,纠纷双方当事人签订和解协议后,可向农村土地裁判机构的原裁审员申请作出和解协议确认书。该和解协议确认书一旦作出,应具有如同裁决书的法律执行效力。

第三节　农村土地裁判机构良性运行的配套机制

农村土地裁判机构的良性运行不但需要我们做到从制度层面对各纠纷解决方式进行优化,而且还需要我们不断完善相应的配套制度措施,为不同类型农村土地纠纷的当事人提供纠纷化解环境上的外在保障。本书认为,唯有共同发挥各纠纷化解方式的作用,才能最大限度地发挥农村土地裁判机构在农村土地纠纷解决领域的作用。在我国农村土地裁判机构的运行过程中,应构建与之适应的配套制度,具体包括纠纷利益引导机制、纠纷防范预警机制和纠纷事后处理机制。

一、建立农村土地纠纷利益引导机制

在信息化程度越来越高的当代社会条件下,传媒发挥着日益强大的作用。其既可以帮助人们拓宽认识和了解外部世界的视野,对于虚假的、不负责任的传媒报道又会带来掩盖事实真实面目甚至是扰乱公众的视听、带来巨大的社会恐慌、危及社会的和谐与稳定的恶劣后果。对此,我们应当坚守的理念是,

媒体报道应当保持对人民群众负责的态度、坚守职业道德,通过揭露事实真相的方式理性地报道和解读相关讯息,唯有如此才能保证其在群众中的公信力,从而对社会舆论形成正向的引导①。但是,现实生活中各种虚假的报道不时地在我们的耳边响起,造成社会的不安定。面对此种情形,就需要充分利用传媒的正面引导作用,引导人们在纠纷化解上的心理朝着好的方向发展演变,具体到本书讨论的农村土地纠纷的化解,就应当利用传媒这一现代化手段,让人们认识到该类型化解过程中采取正当手段的必要性,此手段的施行需要我们从以下角度着手:首先,利用传媒手段加大对相关正面信息的报道,从而让人们认识到通过有效措施化解农村土地纠纷的重要价值。同时,传媒在对农村土地纠纷化解过程进行报道的时候,应当具有选择性,在保证报道客观、真实、全面的前提下,应该尽量避免对抗性的场面出现在公众的视野之中,传媒工作者需要切记不可扩大相关报道的事态,这样会带来不可估量的严重后果。其次,相关的法律法规的完善作为保障性手段也是必不可少的。过于抽象的缺陷普遍存在于当前的很多法律法规之中,由此导致可操作性的降低,对违法行为的调控力度就会因此下降,因此,针对该领域的相关法律法规的完善性修改势在必行,唯此才能增强此类法律法规在实践应用层面的可操作性,从而达到更好地规范媒体相关报道行为的良好目的。传媒领域诚实信用制度的构建也是必要之举。因为传媒的诚信程度会对社会大众对其的信赖程度产生较大影响,拥有较高的公信力的媒体所报道的信息才会更加令人信服。建立起诚信档案制度也是规范传媒工作者行为的可行性方案,公开披露该领域近期所发生的典型诚信问题事件,并以相应的奖惩措施作辅助,督促着传媒从业人员在诚信意识的推动下,更加客观公正地报道相关事实。最后,面对当前传媒工作者素质参差不齐的现象,采取有力措施提升媒体工作者的素质也是迫在眉睫。一方面是其业务素质的增强。面对错综复杂的社会舆论,传媒工作者首先需要做到的是保持清醒的头脑、永远保持自身政治立场的坚定不动摇,切勿因为自身的立场不坚定而被舆论扰乱了自身的判断,或者是单纯地为了收视率而盲目迎合社会大众的猎奇心理,媒体工作者应该通过提升自身的专业素质尽

---

① 李平:《传统中国审判机制的法理与道理——从刘锡彤断杨乃武小白菜案说起》,《法制与社会发展》2017年第4辑。

力做到去伪存真。另一方面,传媒工作者的法律意识的提升也是必要举措,不必追求他们具备过高的法律方面的知识和能力,只需使其能够做到在报道过程中懂法、守法、用法即可。通过法律知识的培训,还可以实现法律在人们心目中的信服度的提升,此举也可以在较大程度上强化人民群众心目中所极力追求的法律至上的理念,从而做到对农村土地纠纷的依法治理。

二、健全农村土地纠纷预警与防范机制

农村土地纠纷解决指的是通过采取一系列的措施解决所发生的农村土地纠纷。从这一定义就可以明显地看出农村土地纠纷解决明显属于事后性措施,与之相对,农村土地纠纷预防则是指在农村土地纠纷还未发生的时候,通过采取及时有效的防范措施避免农村土地纠纷的发生,这明显属于事前性的处理行为。通过对这种农村土地纠纷化解方式的介绍和简要比较,我们可以形象地把农村土地纠纷化解理解成一种"亡羊补牢"行为,那么农村土地纠纷预防则应当被看作一种"未雨绸缪"的行为。农村土地纠纷预防相较于农村土地纠纷解决具有诸如对社会资源的节约、纠纷产生和激化的防止、不稳定因素的减少、对社会的和谐稳定的推动等不言自明的多重优势。伴随着我国经济社会的全面转型,农村土地纠纷愈发激烈,而且该领域纠纷化解的成本也在不断攀升,减少或避免该领域纠纷的发生已经成为当务之急。纠纷排查预警机制作为优势明显的预防性制度势必成为我们关注的焦点,其操作机制是通过对社会动向的及时了解,通过及时有效控制措施的采取,防止业已被管理人员关注的农村土地纠纷朝着更加严重化的方向演化。这一机制的具体举措大致如下:首先需要对农村社会中出现的不稳性因素分级进行管理。将一些容易或者是存在发生或激化可能的农村土地矛盾列为一级预警;将人民群众通常所密切关注的热点、难点类型的农村土地纠纷列为二级预警;将上述两大类之外的其他类型的并可能会给人们的生活生产造成严重后果的农村土地纠纷列为三级预警。其次,风险评估制度的建立健全在这一机制的具体操作中也是至关重要的。凡是涉及重大事项的决策,都必须首先进行该问题的风险评估,唯有在风险评估顺利通过之后才能做出最后的决策。再者,网络作为社会矛盾爆发的潜在区域,对该领域的监管不可松懈,充分利用互联网信息管理系统,可以随时随地掌握农村土地纠纷领域的整体状况,辅之以媒体的措施进行

引导，对由于网络恶意炒作所引发的农村土地矛盾纠纷进行有力规制。对于网络监管过程中发现的可能对农村土地矛盾纠纷造成不利影响的事项以及人员进行不定期的排查，根据收集到的相关信息，及时发现潜在矛盾，并给予科学合理的分析，在最短时间内控制矛盾势态，从而确保社会的和谐稳定。最后，还需要预警工作者综合素质的提高。通过设置专门机构来负责相关人员的配置来负责预警排查方面的工作，并进行必要的预警排查工作方面的培训，从根本上提高预警排查上的能力，及时解决农村土地领域的矛盾，同时，需要加强对预警排查组织的监督，以防止其滥用职权，从而提升其工作效率。

三、完善农村土地纠纷事后协调机制

纠纷的根源在于利益的冲突，农村土地纠纷产生的根本原因就是因为农民在农村土地方面的利益诉求没有得到及时有效的维护和满足。同时，出现农村土地纠纷之后又缺乏有效的利益协调机制来平衡业已失衡的利益状态。因此，通过科学有效的利益表达与协调机制的建立健全，充分尊重农民群众在农村土地纠纷化解上的话语权，实现对其利益的维护，对于纠纷的有效化解是至关重要的。所谓的农民的利益表达机制指的是农民群众的利益代表人通过法定的渠道和方式向有关部门反映自身的利益诉求，使农民有机会说出自身的需求，这是对农民利益的最基本尊重①。但是，由于农民群体固有的弱势地位、现实生活中利益代表主体缺失，造成农民的利益被架空的现象屡见不鲜。为此，我们应当为农民群众的利益表达提供便捷有效的途径：首先需要注意的是对农民群众利益表达的自由的尊重，使农民有机会并且愿意"说话"。不论是正常情况下的利益诉求表达，还是在利益受损情况下寻求救济的表达，便捷的利益表达平台和渠道都必不可少。其次，需要充分发挥人民群众的力量。单个的农民表达能力和行为存在欠缺的时候，可以采取组织和自己相似或是相同的利益诉求个体组成群体的方式来增强个体在利益表达过程中的话语权和所表达出话语的影响力。另外，在农村建立农民协会或者是合作组织等社会中间层，发挥利益代表作用，也是不错的形式。最后，信访和听证制度的完

---

① 杨炼：《和谐社会背景下社会弱势群体利益表达机制现状分析及路径选择》，《兰州学刊》2008年第10辑。

善。信访和听证制度都是作为利益表达机制存在的，如果作用发挥得当，可以成为社情民意的重要表达渠道。在运作过程中，需要根据农村土地纠纷的客观变化情况，适当扩大听证程序适用的范围，并采取有效措施推动人民群众参与度的提升。利益协调机制注重的是对不同主体利益分配过程中不均衡和差异性的维护，当前社会条件下的利益主体主要包括农民与集体、农村与城市、农民与非农民等。基于此种情况，我们需要从以下几个方面着手推动农民与农民、农民与集体、农村与城市之间利益的协调：首先，需要弄清楚各纠纷主体的地位。人们作为利益的享有者，有权采取合法的措施表达自身的利益诉求并恢复原有利益，并且能够保证获得恢复的利益不再遭受不当侵害。其次，利益严重失衡情况下救济途径的完善。当人民群众的利益遭受不法侵害的时候，通过采用不同的救济途径，使农民利益恢复到圆满的状态。同时，对于国家行为给自身利益造成的损害，通过诸如征地补偿、安置补偿等法定补偿机制，提高社会的公正性。

结　语

纠纷解决方式的功能和价值发挥离不开制度的规制和所依托的场所。就好像车轮离不开车子和方向盘一样。所以我们在研究仲裁、和解、调解等各种纠纷解决方式时,除了对他们本身的关注之外,还必须考虑这些解纷方式依托的制度建设和机构的构建。因而,本书对农村土地裁判机构的构建都是出于此考虑。论及土地承包经营权纠纷仲裁调解制度的制度缺陷问题,其实弥补其缺陷莫过于以土地裁判所来取代现今的土地承包经营纠纷仲裁机构,相信一切问题将予以解决。此外,农村土地裁判机构的专有性将为实践中的行政纠纷与民事纠纷的交叉冲突提供良药。因为他们具有包容性,可以淡化行政诉讼与民事诉讼的界限,这也是土地裁判机构在纠纷解决上所具有的更高效简便的特有功能和价值表现。

我国农村土地纠纷解决机制的发展和完善应当积极吸收和借鉴国外和地区相关经验性做法的精髓。各地区或国家的发展水平,采取的土地制度、流转方式虽然存在差异,但是其对土地问题的重视程度都是大同小异,对于土地纠纷的解决,毫不例外地都是持慎重的态度,从法律制度的制定,到纠纷解决组织机构的建立,再到解决纠纷的具体手段,都能够体现出处理土地纠纷中利益关系上的谨慎态度,比如英国土地裁判所、法国农业法庭及调解前置制度,对于我国农村土地纠纷的解决都具有重要的借鉴价值。但是,由于国家政治体制与经济制度的不同,不同国家的土地制度和农村土地制度各有不同,以致各国农村土地纠纷的表现也不一样。因而,本书对域外农村土地纠纷解决机制的比较研究还不够全面深入,以后的进一步研究还需要考量更多的本土化与差异性问题,以至于对国外和地区农村土地纠纷多元化解决机制的借鉴更贴合国情。

　　农村土地纠纷解决机制是一个极具实践价值的话题,需要结合各地区的实际情况进行综合考虑。因此,农村土地纠纷解决机制的发展和完善需要突破传统的纠纷解决的思维模式,结合各基层纠纷处理机构的具体优势,充分发挥其在纠纷解决以及综合的协调、管理方面的作用,推动农村土地纠纷解决上的组织发展和创新,最终实现农村土地纠纷解决过程中人与人、人与地之间的资源配置效率的最大化,并实现农村土地秩序的规范化,最终实现我国农村和谐稳定发展目标。构建农村土地裁判机构的设想。让我们更深刻地体会到该问题的紧迫感——我们的立法、司法和法学研究如果依然固守以城市为中心的传统,而不是根据9亿多农民群众所具有的特殊性而设计出一种快速简便的诉讼程序,专门设置一种审理农村土地纠纷的机构,农村法治这一目标的实现势必成为中国法治现代化实现过程中的一个瓶颈。客观地说,农民参加诉讼程序还是存在一定的难度,现代法院制度的设计过于矫饰、过于追求诉讼的威严与权威,出现纠纷的农民群众的"泥脚"很难轻易地踏进"干净的"法院大门,举一个常见的景象:自认为冤屈者常常采取静坐或徘徊于人民法院门口的方式表达诉求,而作为公正代表的法官面对此种情形却表现得出奇的平静,在这些弱势的群众面前穿梭。我们完全有理由想象会有那么一天,"泥脚"的农民可以到"自家"的专门解纷机构——"农村土地裁判机构"参与纠纷的审理,相信那必将是一个美好的时代。①

　　农村土地纠纷是当前农村社会问题的一个缩影,集中反映了现代农业发展和城镇化建设过程中的社会问题,与此同时,农村土地纠纷更是一个法律问题。通过研究农村的土地纠纷解决机制,我们可以清楚地意识到当前农村权利救济问题上普遍存在的不足以及农民群众对于对高效便捷地解决土地纠纷的急切吁求。因此,不断发展完善的调解、和解等各种纠纷解决方式在农村语境下的互动衔接机制建设成为当务之急,并通过采取相应的配套制度和社会治理方式的完善实现对农村社会和谐稳定保障。本书虽针对我国农村土地纠纷多元化解决机制的现状进行了一定的调研,但囿于个人学术水平和社会考察不足,缺少长时间、多样本的大跨度实践考察,因此,在论述过程中存在疏

---

① 蒋大兴:《审判何须对抗——商事审判"柔性"的一面》,《中国法学》2007第4期。

漏,且因该课题跨学科,涉及多方面知识,笔者对于文章的整体把控和行文存在不足。在今后还需根据全国农村区域差异化的特点,对不同地区的农村土地纠纷进行深入调研,通过比较与分析我国不同区域农村土地纠纷特殊性,探究出更有针对性的纠纷解决对策,从而进一步完善我国农村土地纠纷多元化解决机制的构建。

参考文献

一、中文类参考文献

(一)著作类

1.[美]科塞:《社会冲突的功能》,孙立平等译,华夏出版社1987年版。

2.[美]唐纳德·布莱克:《法律的运作行为》,唐越、苏力译,中国政法大学出版社2004年版。

3.[美]罗杰科·特威尔:《法律社会学导论》,潘大松等译,华夏出版社1989年版。

4.[美]理查德·波斯纳:《法律的经济分析》,蒋兆康译,中国大百科全书出版社1997年版。

5.[美]埃尔曼:《比较法律文化》,高鸿钧等译,三联书店1990年版。

6.[美]斯蒂芬·戈尔德堡:《纠纷解决》,蔡彦敏等译,中国政法大学出版社2004年版。

7.[美]马丁·P.戈尔丁:《法律哲学》,齐海滨译,三联书店1987年版。

8.[美]史蒂芬·霍尔姆斯、凯斯·R.桑斯坦:《权利的成本——为什么自由依赖于税》,毕竞悦译,北京大学出版社,2004年版。

9.[美]特纳:《现代西方社会学理论》,天津人民出版社1988年版。

10.[美]唐·布莱克:《社会学视野中的司法》,郭星华等译,法律出版社2002年版。

11. [美]斯蒂芬·戈尔德堡等:《纠纷解决》,蔡彦敏等译,中国政法大学出版社2004年版。

12. [美]波斯纳:《法律与社会规范》,沈明译,中国政法大学出版社2004年版。

13. [美]罗伯特·C.埃里克森:《无需法律的秩序——邻人如何解决纠纷》,苏力译,中国政法大学出版社2003年版。

14. [日]滋贺秀三、寺田浩明、岸本美绪,王亚新译,梁治平编:《明清时期的民事审判与民间契约》,法律出版社1998年版。

15. [日]滋贺秀三:《清代中国ノ法シ裁判》,创文社1983年版。

16. [日]小岛武司:《诉讼制度改革的法理与实证》,陈刚、郭美松译,法律出版社2001年版。

17. [日]新堂幸司:《新民事诉讼法》,弘文堂2011年版。

18. [日]高桥宏志:《民事诉讼法——制度与理论的深层分析》,林剑峰译,法律出版社2003年版。

19. [日]三月章:《日本民事诉讼法》,汪一凡译,台湾五南图书出版公司1997年版。

20. [日]新堂幸司编:《特别讲义民事诉讼法》,有斐阁1988年版。

21. [日]棚濑孝雄:《纠纷的解决与审判制度》,王亚新译,中国政法大学出版社1994年版。

22. [日]姜贵善译:《日本的国土利用及土地征用法律精选》,地质出版社2000年版。

23. [日]小岛武司、伊藤真:《诉讼外纠纷解决法》,丁婕译,中国政法大学出版社2005年版。

24. [日]高桥宏志:《重点讲义民事诉讼法》,张卫平、许可译,法律出版社2007年版。

25. [日]周藤吉之:《中国土地制度史研究》,东京大学出版社1980年版。

26. [英]卡罗尔·哈洛、理查德·罗林斯:《法律与行政》(下卷),商务印书馆2004年版。

27. [德]马克思·韦伯:《儒教与道教》,王容芬译,商务印书馆1995年版。

28. [唐]白居易:《白居易集·策林五十六》,中华书局1999年版。

29.[唐]刘肃:《大唐新语》,中华书局1984年版。

30.[唐]长孙无忌等,刘俊文点校:《唐律疏议》,法律出版社1998年版。

31.[清]杜文澜,周绍良点校:《古谣谚》,中华书局1958年版。

32.邱联恭:《程序选择权论》,三民书局2005年版。

33.江伟:《中国民事诉讼法专论》,中国政法大学出版社1998年版。

34.苏力:《法治及其本土资源》,中国政法大学出版社1996年版。

35.江伟:《民事诉讼法》,中国人民大学出版社2011年版。

36.杨荣新:《民事诉讼法学》,中国政法大学出版社1997年版。

37.常怡:《外国民事诉讼法新发展》,中国政法大学出版社2009年版。

38.常怡:《比较民事诉讼法》,中国政法大学出版社2002年版。

39.沈达明:《比较民事诉讼法初论》(上、下册),中信出版社1991年版。

40.田平安:《民事诉讼法原理》,厦门大学出版社2005年版。

41.张卫平:《程序公正实现中的冲突与衡平》,成都出版社1992年版。

42.李祖军:《民事诉讼法·诉讼主体篇》,厦门大学出版社2005年版。

43.唐力:《民事诉讼构造研究》,法律出版社2006年版。

44.沈恒斌:《多元化纠纷解决机制原理与实务》,厦门大学出版社2005年版。

45.范愉:《非诉讼程序(ADR)教程》,中国人民大学出版社2012年版。

46.范愉:《ADR原理与实务》,厦门大学出版社2002年版。

47.范愉:《纠纷解决的理论与实践》,中国人民大学出版社2007年版。

48.范愉:《ADR教程》,中国人民大学出版社2002年版。

49.范愉:《多元化纠纷解决机制》,厦门大学出版社2005年版。

50.汤维建:《群体性纠纷诉讼解决机制论》,北京大学出版社2008年版。

51.徐昕:《迈向社会和谐的纠纷解决》,中国检察出版社2008年版。

52.徐昕:《论私力救济》,中国政法大学出版社2005年版。

53.徐昕:《司法》(第5辑),厦门大学出版社2010年版。

54.廖中洪:《民事诉讼立法体例及法典编撰比较研究》,中国检察出版社2010年版。

55.齐树洁:《纠纷解决机制的原理》,载何兵主编:《和谐社会与纠纷解决机制》,北京大学出版社2007年版。

56.左卫民:《变革时代的纠纷解决:法学与社会学的初步考察》,北京大学出版社2007年版。

57.刘荣军:《程序保障的理论视角》,法律出版社1999年版。

58.王琦:《非诉讼纠纷解决机制原理与实务》,法律出版社2014年版。

59.陈小君:《农村土地法律制度研究——田野调查解读》,中国政法大学出版社2004年版。

60.王福华:《变迁社会中的群体诉讼》,上海世纪出版集团2011年版。

61.齐树洁:《纠纷解决与和谐社会》,厦门大学出版社2010年版。

62.张俊文等:《中国不动产法研究》(第4卷),法律出版社2004年版。

63.靳江好、王郅强:《和谐社会建设与社会矛盾调节机制研究》,人民出版社2008年版。

64.龚群:《当代中国社会伦理生活》,四川人民出版社1998年版。

65.程燎原、王人博:《权利及其救济》,山东人民出版社1998年版。

66.刘再复、林岗:《传统与中国人》,安徽文艺出版社1999年版。

67.夏勇主编:《走向权利的时代》(修订本),中国政法大学出版社2000年版。

68.何兵:《现代社会的纠纷解决》,法律出版社2003年版。

69.顾培东:《社会冲突与诉讼机制》(修订版),法律出版社2004年版。

70.田先纲:《行政诉讼》,上海社会科学院出版社2000年版。

71.赵旭东:《纠纷与纠纷解决原论——从成因到理念的深度分析》,北京大学出版社2009年。

72.沈恒斌:《多元化纠纷解决机制原理与实务》,厦门大学出版社2005年版。

73.顾培东:《社会冲突与诉讼机制》,法律出版社2004年版。

74.田平安:《民事诉讼法原理》,厦门大学出版社2013年版。

75.梁治平:《清代习惯法:社会与国家》,中国政法大学出版社1996年版。

76.赵旭东:《纠纷与纠纷解决原论——从成因到理念的深度分析》,北京大学出版社2009年版。

77.赵钢等:《民事诉讼法》,武汉大学出版社2008年版。

78.朱景文:《现代西方法社会学》,北京法律出版社1994年版。

79.林增杰、沈守愚:《土地法学》,中国人民大学出版社1989年版。

80.陈刚主编,陈刚、林剑锋、段文波等译:《自律性社会与正义的综合体系——小岛武司先生七十华诞纪念文集》,中国法制出版社2006年版。

81.程燎原、王人博:《赢得神圣——权利及其救济通论》,山东人民出版社1998年版。

82.张晋藩:《中国法律的传统与近代转型(第三版)》,法律出版社2009年版。

83.曹漫之:《唐律疏议译注》,吉林人民出版社1989年版。

84.李延荣:《土地租赁法律制度研究》,中国人民大学出版社2004年版。

85.陈会林:《地缘社会解纷机制研究——以中国明清两代为中心》,中国政法大学出版社2009年版。

86.张越:《英国行政法》,中国政法大学出版社2004年版。

87.应松年主编:《行政法学新论》,中国方正出版社1998年版。

88.怀效锋点校:《大明律御制大明律序》,法律出版社1999年版。

89.朱瑞熙:《宋代社会研究》,弘文馆1986年版。

90.黄宗智:《清代的法律、社会与文化:民法的表达与实践》,上海书店出版社2007年版。

91.中国第一历史档案馆等:《清代土地占有关系与佃农抗租斗争》(上下册),中华书局1988年版。

92.《名公书判清明集》附录二,中华书局1987年版。

93.王辟之:《渑水燕谈录》卷四《高逸》,中华书局1981年版。

94.苏力:《法治及其本土资源》,中国政法大学出版社1996年版。

95.李栗燕:《化解基层社会矛盾纠纷的法律机制研究》,社会科学出版社2013年版。

96.梁治平:《清代习惯法:社会与国家》,中国政法大学出版社1998年版。

97.《明太祖实录》卷洪武四年九月庚戌条,"中央研究院"历史语言研究所1962年版。

98.李长健:《中国农村纠纷化解机制完善与创新发展》,人民出版社2013年版。

99.杨建华原,陈心弘增订:《问题研析民事诉讼法》(三),1989年自版。

100.孟勤国等:《中国农村土地流转问题研究》,法律出版社2009年版。

101.韩延龙、常兆儒编:《中国新民主主义革命时期根据地法制文献选编》第三卷,中国社会科学出版社1981年版。

102.金德群:《民国时期农村土地问题》,红旗出版社1994年版。

103.宫泽知之:《宋代地主与农民的诸问题》,《日本学者研究中国史编著选译(二)》,中华书局1993年版。

104.杨国桢:《明清土地契约文书研究》,人民出版社1988年版。

105.白寿彝:《中国通史》,上海人民出版社1999年版。

106.林纪东:《行政法》,台湾三民书局1993年版。

107.刘俊:《中国土地法理论研究》,法律出版社2006年版。

108.卡罗尔·哈洛、理查德·罗林斯,杨伟东等译:《法律与行政》(下卷),商务印书馆2004年版。

109.季卫东:《法治秩序的建构》,中国政法大学出版社1999年版。

110.吴经熊:《法律哲学研究》,清华大学出版社2005年版。

111.郭德宏:《中国近代农民土地问题研究》,青岛出版社1993年版。

112.林增杰、沈守愚:《土地法学》,中国人民大学出版社1998年版。

113.黄宗智:《清代的法律、社会与文化民法的表达与实践》,上海书店出版社2007年版。

114.张晋藩:《中国民事诉讼制度史》,巴蜀书社1999年版。

115.廖兆骏:《绥远志略》,正中书局1937年版。

116.魏建、周林彬:《法经济学》,中国人民大学出版社2008年版。

117.春杨:《晚清乡土社会民事纠纷调解制度研究》,北京大学出版社2009年版。

(二)论文类

118.蔡虹:《农村土地纠纷及其解决机制研究》,《法学评论》2008年第2辑。

119.高其才:《中国农民法律意识的现实变迁——来自湖北农村的实证研究》,《中国法学》1992年第6辑。

177

120.李祖军、王嘎利:《论我国仲裁司法监督制度的完善》,《仲裁研究》2005年第3辑。

121.唐力、毋爱斌:《法院附设诉前调解的实践与模式选择——司法ADR在中国的兴起》,《学海》2012年第2辑。

122.汪祖兴:《论法院对仲裁裁决的撤销与不予执行》,载陈光中、江伟主编:《诉讼法论丛》(2),法律出版社1998年版。

123.陈桂明、李仕春:《形成之诉独立存在吗——对诉讼类型传统理念的质疑》,《法学家》2007年第4辑。

124.章武生:《司法ADR之研究》,《法学评论》2003年第2辑。

125.陈小君:《我国农村土地法律制度变革的思路与框架——十八届三中全会〈决定〉相关内容解读》,《法学研究》2014年第4辑。

126.白呈明:《农村土地纠纷及其解决机制的多维观察——以陕西省为例》,《调研世界》2009年第8辑。

127.范愉:《代替性纠纷解决方式研究——兼论多元化纠纷解决机制》,《法哲学与法社会学论丛》1999年第2辑。

128.张文郁:《论共有物分割诉讼》,《物权与民事法新思维》,台湾元照出版公司2014年版。

129.[美]克里斯蒂娜·沃波鲁格:《替代诉讼的纠纷解决方式(ADR)》,《河北法学》1998年第1辑。

130.[美]罗伯特·F·尤特:《中国法律纠纷的解决》,《中外法学》1990年第2辑。

131.[美]庞德:《作为中国法基础的比较法律与历史》,《哈佛法律评论》1948年第61卷。

132.[日]寺田浩明:《明清时辑法秩序中"约"的性质》,载[日]滋贺秀三等,王亚新等译:《明清时辑的民事审判与民间契约》,法律出版社1998年版。

133.[日]早川吉尚:《对日本ADR批判性考察——以美国法视角》,《立教法学第54号》2000年。

134.李长健:《论农民权益的经济法保护——以利益与利益机制为视角》,《中国法学》2005年第3辑。

135.李长健、李昭:《论我国农村社区互动利益机制的建构》,《长沙民政职业技术学院学报》2007年第4辑。

136.肖琼、曹建华:《我国农村土地流转纠纷的成因及对策研究》,《安徽农业科学》2007年第13辑。

137.潘剑锋:《论司法确认》,《中国法学》2011年第3辑。

138.季卫东:《中国法文化的蜕变与内在矛盾》,《比较法法学》1987年第4辑。

139.王国新:《农村土地流转问题研究》,华东政法学院硕士学位论文2002年。

140.史卫民:《农村土地纠纷的主要类型与发展趋势》,《现代经济探讨》2010年第1辑。

141.史卫民:《农村土地承包纠纷仲裁制度探讨》,《华南农业大学学报(社会科学版)》2009年第3辑。

142.陈计男:《论分割共有物之诉》,《法令月刊》第34卷12辑。

143.吴光明:《多元文化与诉讼外解决纠纷机制》,《仲裁理论与判决研究》2004年。

144.李念祖、陈仕振、曲以文:《我国仲裁与诉讼制度解决医疗纠纷之比较》,《仲裁季刊》第73辑。

145.汤唯:《农村多元纠纷解决机制的法理模型》,《淮阴师范学院学报(哲学社会科学版)》2008年第4辑。

146.陈丹、陈柳钦:《新时期农村土地纠纷的类型、根源及其治理》,《河北经贸大学学报》2011年第6辑。

147.董立山:《农村土地纠纷的类型化梳理与解决机制研究——基于惠州市农村土地纠纷的调查》,《湖南科技大学学报(社会科学版)》2013年第1辑。

148.黄文艺:《中国的多元化纠纷解决机制》,《学习与探索》2012年第11辑。

149.吕世伦、邹列强:《唐·布莱克纯粹法社会学》,《法律科学》1992年第4辑。

150.王文英:《农村土地征收行政法律问题研究》,中国政法大学硕士论文2004年。

151.陈健:《土地用益物权制度研究》,中国政法大学博士学位论文

1999年。

152.陈丹、陈柳钦:《新时期农村土地纠纷的类型、根源及其治理》,《河北经贸大学学报》2011年第6辑。

153.郭晓燕:《转型期农村多元化纠纷解决机制研究——以山东农村民事纠纷为视角》,烟台大学硕士论文2007年。

154.张全宇:《〈名公书判清明集〉所见之宋代土地交易纠纷及其解决》,河南大学硕士论文2014年。

155.左卫民等:《中国传统社会纠纷解决机制研究论纲》,《西南民族大学学报》2003年第6辑。

156.董强强:《社会控制与多元化纠纷解决机制》,《今日南国》2010年第5辑。

157.吴洁:《基于社区发展的我国农村土地流转纠纷解决机制研究》,华中农业大学硕士学位论文2011年。

158.马晨光:《唐代多元司法解决纠纷机制探微》,《人民司法·应用》2010年第1辑。

159.韩秀桃:《"教民榜文"所见明初里老人理讼制度》,《法学研究》2017年第6卷。

160.从青茹:《美国ADR方式刍议》,《法制日报》1977年11月2日。

161.陆益龙:《论中国农民对法制系统的支持程度》,《学海》2002年第5辑。

162.胡勇:《农村土地纠纷及其化解研究》,南京农业大学博士学位论文2011年。

163.张金明、陈利根:《农村土地承包纠纷解决机制的多元化构建——基于土地诉讼、仲裁和调解的定位与协调》,《河北法学》2011年第6辑。

164.孔祥俊:《论法律效果与社会效果的统一》,《法律适用》2005年第1辑。

165.王超强、悦晓一:《季土元农民法律意识与法治建设进程》,《法制与社会》2012年第10辑。

166.王林、吴贻龙:《社会矛盾预警的运行机制》,《社会科学家》2013年第4辑。

167. 李长健、吴杰：《关于完善我国农村矛盾化解机制的思考——基于新农村社区发展的理论与实践》，《井冈山大学学报（社会科学版）》2011年第5辑。

168. 高其才：《中国古代社会宗族审判制度初探》，《华中师范大学学报》2006年第1辑。

169. 杨亚平：《明代里老解纷机制研究》，山东大学硕士学位论文2014年。

170. 张祖明：《论浙江枫桥民间调解及其启示》，浙江工业大学硕士论文2013年。

171. 李敏：《法治与传统的冲突与融合——访讽桥经验与法治建设项目组成员》，《中国审判》2007年第6辑。

172. 朱深远：《坚持发展枫桥经验，努力构建矛盾纠纷多元化解机制》，《首届海峡两岸暨香港澳门司法高层论坛论文汇编》。

173. 蓝瀛芳：《国外调解制度介绍》，《调解制度与司法改革研讨会》，台大法律学院2003年。

174. 刘书增、冯书先：《近代英法土地所有制产生差异的原因分析》，《石家庄学院学报》2008年第7辑。

175. 沈开举、郑磊：《英国十一地裁判所制度探微》，《郑州大学学报（哲学社会科学版）》2010年第5辑。

176. 王守智：《英国土地裁判及对我国的借鉴意义》，《河南国土资源》2006年第8辑。

177. 季金华：《徐骏土地征收纠纷解决的法律机制》，《金陵法律评论》2006年第2辑。

178. 王元元：《司法资源困境下法院立案调解制度构建之探析》，苏州大学硕士学位论文2009年。

179. 曾涛、梁成意：《法国法院组织体系探微》，《法国研究》2002年第2辑。

180. 史卫民：《农村土地承包纠纷仲裁制度探讨》，《华南农业大学学报·社会科学版》2009年第3辑。

181. 卞辉、樊志民：《我国农村土地承包经营纠纷仲裁制度的悖论及出路》，《西安交通大学学报（社会科学版）》2014年第3辑。

182. 范愉：《社会转型中的人民调解制度——以上海市长宁区人民调解组

织改革的经验为视点》,《中国司法》2004 年第 8 辑。

183.梁平:《多元化纠纷解决机制的制度构建——基于公众选择偏好的实证考察》,《当代法学》2011 年第 3 辑。

184.陈正伟:《后现代法学视角下的 ADR 研究》,吉林大学博士学位论文 2006 年。

185.宿梦醒:《我国非诉讼纠纷解决机制(ADR)的法理研究》,吉林大学硕士学位论文 2009 年。

186.曹明德、毛涛:《我国环境争端非诉讼解决方式存在的问题及对策》,《中国地质大学学报(社会科学版)》2009 年第 2 辑。

187.王树义、周迪:《回归城乡正义:新〈环境保护法〉加强对农村环境的保护》,《环境保护》2014 年第 10 辑。

188.丁渠:《我国环境 ADR 制度的完善》,《法学杂志》2011 年第 4 辑。

189.徐忠麟、李杏:《农业环境纠纷的多元化处理机制探讨》,《安徽农业科学》2011 年第 28 辑。

190.孙文忠:《底层视角下的农民环境维权》,《华南农业大学学报(社会科学版)》2014 年第 4 辑。

191.深圳宝安区人民法院:《诉前联调制度汇编》(内部资料),2013 年。

192.陈红杰:《纠纷解决方式之间的联系与互动》,《司法改革评论》2008 年。

193.杨炼:《和谐社会背景下社会弱势群体利益表达机制现状分析及路径选择》,《兰州学刊》2008 年第 10 辑。

194.王文英:《农村土地征收行政法律问题研究——兼论农村土地裁判所的建立》,中国政法大学硕士论文 2004 年。

195.杨建顺:《关于依法行政的十个问题》,《岳麓法学评论(第 2 卷)》2001 年第 11 辑。

196.陈静:《一些国家和地区土地裁决所的性质与功能》,《国土资源情报》2003 年第 3 辑。

197.张艳丽:《构建我国土地裁判机构的制度设想》,《学术交流》2010 年第 4 辑。

198.赵蕾:《农事特别程序:解决农村民事纠纷的程序性贡献》,《南方农村》2013 年第 3 辑。

199.王静:《英伦行政法之旅——有关裁判所和征地》,《中国改革》2008 年第 6 辑。

二、外文类参考文献

(一)著作类

200.JosephB.Stulberg and Lela P.Love,*The Middle Voice—Second edtion*,Durham:Carolina Academic Press,2013.

201.Oscar G. Chase,*Civil litigation in comparative context*,Berkeley:West Group,2007.

202.Roger Perrot,*Institutions judiciaries*,Montchrestien,Paris:Lextenso,15e édition 2012.

203.Yves Reinhard,Sylvie Thomasset—Pierre,Cyril Nourissat,*Droit commercial*,LexisNexis,8e édition 2012.

204.Foweraker.J.,*The Struggle for Land:A Political Economy of the Piontier in Brazil*,1930 to Present,Cambridge:Cambridge University Press,1981.

205.Brandt Elizabeth Barker,*Challenge to Rural States of Procedureal Reform in High Conflict Custody Cases*,22 UALR L.Rav.357,1999—2000.

206.Carrie J. Menkel—Meadow,*Mediation:Practice,Policy,and Ethics,Second Edition(Aspen Casebook)*,New York:Wolters Kluwer Law&Business,2013.

207.Giuseppe de Palo,Mary B. Trevor,*Arbitration and Mediation in the Southern Mediterranean Countries*,New York:Kluwer Law International,2007.

208.Willem Hoyng and Frank Eijsvogels,*Global Patent Litigation:Strategy and Practice*,New York:Kluwer Law International,2016.

209.Gordon Hewart,*the New Despotism*,London:Ernest Benn Ltd,1929.

210. J. Oxley — oxland and R. T. Stein, *Understanding Land Law*, London: Law Book Co, 1985.

211. B. W. Adkin, *Copyhold and other Land Tenures of England*, Whitefish: Kessinger Publishing, 2008.

(二)论文类

212. *Federal Rules of Civil Procedure*, Rule 16. Pretrial Conferences, http://www.justice.gouv.fr/organisation－de－la－justice－10033/tribunal－paritaire－des－baux－ruraux－120(last visited 07/2016).

213. Chantal Stebbings, *Legal Foundations of Tribunals in Nineteenth Century England*, Cambridge: Cambridge University Press, 2007.

214. *Federal Rules of Civil Procedure*, Rule 16. Pretrial Conferences; Scheduling; Management at https://www.law.cornell.edu/rules/frcp/rule_16 (last visited 05/2015).

215. *TheGl.c.*185. http://www.malegislature.gov/Laws/GeneralLaws/PartII/TitleI/Chapter185/Section1(last visited 11/2016).

216. *Rules of the Land Court*.http://www.mass.gov/courts/courtsand-judges/courts/landcourt/rulesofthelandcourt.pdf.(last visited 07/2015).

后　记

本书是在我博士学位论文的基础上经过进一步的修改、完善而成，无论在体例结构还是内容材料方面都有较多的改进。本书从选题、拟定提纲到写作直至定稿并出版，经过了近六年的辛勤耕耘，每个阶段都凝聚着各位前辈、师长以及同窗好友的指导与帮助，在书稿即将付梓之际，我由衷地向他们表示感谢！

首先感谢我的导师李祖军教授。感谢李老师在我写作过程中给予的悉心指导。尤其是在我写作攻坚阶段遇到困惑的时候，李老师一直热情鼓励我不要放弃，要坚守内心的理想追求。在本书出版之际，敬向恩师诚致谢意。感谢西南政法大学民诉法学科博士研究生导师组的田平安教授、唐力教授、廖中洪教授、汪祖兴教授、马登科教授、赵泽君教授和段文波教授在专著的撰写过程中给我提供的宝贵建议。尤其是在早期开题的时候，由于该选题并不是传统的民诉理论选题，我收到了比较多的不同意见，很感谢田平安教授对本选题的肯定与支持，给予了我莫大的鼓励，让我坚定了自己的选择。感谢华南农业大学人文与法学学院杨乃良院长对本专著出版的指导和支持。感谢林碧艳老师、邱亚洪老师和张晖老师在我成长路上给予的谆谆教诲以及在学习上、生活上给予我的关心和帮助，你们就像灯塔，指引我向正确的人生道路前行！感谢华南农业大学农村法制研究团队的王权典老师、钟继军老师、陈亚平老师、陈莉老师、江保国老师给我提供了很多调研素材，特别是从事多年农村土地政策研究的王权典教授对本书给予了很多耐心指导。在撰写本书的期间我刚好在美国作一名访问学者，特别感谢美国哥伦比亚大学法学院、纽约大学法学院以及叶史瓦大学卡多佐法学院的 ADR 研究团队，为本书的研究提供了很多宝贵的素材和学术建议。还要特别感谢西政博士生同窗好友毋爱斌、高翔、陈磊、吕辉、吕惠琴、娄必县、陶婷、范卫国、吴志伟、张宇、古强、张艳琼、蒋陆军在本书攻坚阶段给予我的帮助和宝贵指导。感谢我挚爱的家人,谢谢你们在我人生路上与我分担辛苦、共享喜乐,给我无私的爱和无条件的支持、鼓励。感谢我的父母在我求学之路上一直做我最坚强的后盾。真心感谢我的爱人,在我最累最苦的时候,给予我莫大的支持、理解和包容。感谢我的宝贝儿子Chris,小小生命从孕育到降临一直时刻陪伴着我完成这部著作,同时也给我的未来生活带来了无限的欢乐与希冀。

我撰写本书的很多灵感和启发都是来自于与农村法制研究团队多次下乡调研经历中的所见所闻。感谢华南农业大学的农村法制研究平台,使我有幸参与到各项农村土地纠纷的重大调研项目中。我在调研中亲身感受到:农村土地纠纷是当前农村社会问题的一个缩影,集中反映了现代农业发展和城镇化建设过程中的社会问题,与此同时,农村土地纠纷更是一个法律问题,农村土地纠纷解决救济问题上普遍存在的不足以及农民群众对高效便捷地解决土地纠纷的急切吁求,使农村土地纠纷解决机制研究成为我国当前农村法制工作的当务之急。需要指出的是,本书虽针对我国农村土地纠纷多元化解决机制的现状进行了一定的调研,但囿于社会考察不足,缺少长时间、多样本的大跨度实践考察,因此,在论述过程中存在疏漏,在今后还需根据全国农村区域差异化的特点,对不同地区的农村土地纠纷进行深入调研,通过比较与分析我国不同区域农村土地纠纷特殊性,探究出更具针对性和可行性的纠纷解决对策,从而进一步完善我国农村土地纠纷多元化解决机制的构建。

本书的出版得到了华南农业大学高水平大学学科团队建设项目"五大发展理念下新型城镇化暨三农法治系统研究"的资助,谨致谢忱!感谢厦门大学出版社甘世恒编辑对本书进行了审定,对他的辛劳,表示诚挚的谢意。对厦门大学出版社的领导和工作人员提供的许多帮助,在此一并致谢。正是他们的热情、敬业和执着才使得拙作得以如期面世。

人生就是一个不断追寻的过程,无论何时,都不应停下前进的脚步。静心去倾听自己内心的声音,永远追寻自己想走的路。

陈维君
2019 年 7 月于南湖边